DIAKONIE
Bildung – Gestaltung – Organisation

Herausgegeben von

Hanns-Stephan Haas
Beate Hofmann
Christoph Sigrist

Band 27

Markus Schmidt (Hrsg.)

Nachhaltigkeit

Theologisch-diakoniewissenschaftliche
Zugänge für Management, Spiritualität
und Bildung

Verlag W. Kohlhammer

Diese Publikation wurde durch Zuschüsse der Diakonie Deutschland, der Hoffnungstaler Stiftung Lobetal und der Fachhochschule der Diakonie gefördert.

1. Auflage 2025

Alle Rechte vorbehalten
© W. Kohlhammer GmbH, Stuttgart
Gesamtherstellung: W. Kohlhammer GmbH, Stuttgart

Print:
ISBN 978-3-17-045763-8

E-Book-Formate:
pdf: ISBN 978-3-17-045764-5
epub: ISBN 978-3-17-045765-2

Für den Inhalt abgedruckter oder verlinkter Websites ist ausschließlich der jeweilige Betreiber verantwortlich. Die W. Kohlhammer GmbH hat keinen Einfluss auf die verknüpften Seiten und übernimmt hierfür keinerlei Haftung.
Dieses Werk einschließlich aller seiner Teile ist urheberrechtlich geschützt. Jede Verwendung außerhalb der engen Grenzen des Urheberrechts ist ohne Zustimmung des Verlags unzulässig und strafbar. Das gilt insbesondere für Vervielfältigungen, Übersetzungen, Mikroverfilmungen und für die Einspeicherung und Verarbeitung in elektronischen Systemen.

Inhalt

Geleitwort des Präsidenten der Diakonie Deutschland 7

Nachhaltigkeit als diakonischer Blick in die Tiefe
Eine Einführung in diesen Band 9
Markus Schmidt

Nachhaltigkeit – zwischen Greenwashing, Angst und Verantwortung ... 15
Reiner Anselm

Gemeinwohl-Bilanz
Ein Instrument für diakonisches Nachhaltigkeitsmanagement 23
Beatrix Waldmann

Nachhaltige Personalpolitik in Kirche und Diakonie 43
Andreas Rohnke

Nachhaltiges Personalmanagement und Lernen am Arbeitsplatz
Personalmanagement und digitales Workplace-Learning in Zeiten der
Digitalisierung und Transformation 63
Jörg Martens

Resilienz oder Empowerment?
Spiritualitätstheologische und religionspädagogische Perspektiven auf die
(ökologische) Krise 81
Claudia Gärtner

Nachhaltige religiöse Bildung
Beobachtungen und Folgerungen am Beispiel des Projekts »Unterwegs in
Gottes Welt« 85
Ralf Fischer

Verzeichnis der Autorinnen und Autoren 91

Geleitwort des Präsidenten der Diakonie Deutschland

Beim Thema Klimaschutz und Nachhaltigkeit bleiben wir in der Diakonie auf Kurs. Wir haben uns ambitionierte Ziele gesetzt. Unsere Haltung ist klar: Gottes Schöpfung ist uns Menschen anvertraut, dass wir sie bebauen und bewahren. Mit dieser Haltung, mit dieser christlichen Perspektive wollen wir unsere Verantwortung für den Schutz unserer natürlichen Lebensgrundlagen wahrnehmen. Wir wollen Ressourcen ökologisch nachhaltig bewirtschaften. Und wir wollen als Gottes Geschöpfe in sozial nachhaltigen, in tragfähigen Beziehungen und Gemeinschaften leben, in denen die Lasten des notwendigen Wandels fair verteilt sind. Ein fürsorglicher Umgang mit versehrbarer Natur und verletzlichem menschlichen Leben und menschlicher Würde setzt eine Haltung voraus, welche die evangelische Bildungsarbeit vermitteln will. Kirche und Diakonie gehören zu den größten Bildungsanbietern und haben in ihren vielfältigen Bildungseinrichtungen die Chance, eine Haltung zu fördern, mit der die sozial-ökologische Transformation gelingen kann.

Wenn wir Klimaschutz und soziale Gerechtigkeit zusammendenken, kann daraus eine Erfolgsgeschichte für unser demokratisches Gemeinwesen werden. Wir müssen gemeinsam ausloten, welche spezifischen Beiträge die Diakonie zu einer nachhaltigen Entwicklung leisten kann:

- Mit ihren über 33.000 gesundheits- und sozialwirtschaftlichen Diensten und Einrichtungen ist die Diakonie auch ein Teil des Klimaproblems.
- Zugleich ist die Diakonie eine starke Stimme derjenigen, die die Lasten des Klimawandels und die finanziellen Belastungen klimapolitischer Maßnahmen nicht tragen können.
- Nicht zuletzt sind wir Teil einer Kirche, die die Botschaft von der Menschenfreundlichkeit Gottes und den Auftrag, die Erde zu bebauen und zu bewahren als zwei Seiten derselben Medaille kommuniziert.

Als wesentlicher Teil der Gesundheits- und Sozialwirtschaft können die Diakonie und die gesamte gemeinnützige Wohlfahrtspflege einen Unterschied machen. Allein der Gebäudebereich verursacht bis zu 40 Prozent der klimaschädlichen Emissionen. Das Einsparpotenzial bei Zigtausenden Sozialimmobilien ist nicht zu unterschätzen. Als große Immobilieneigner oder -nutzer mit teils großen Fahrzeugflotten und als Großverbraucher haben die Einrichtungen der Diakonie Handlungsmöglichkeiten, um Nachhaltigkeit konkret umzusetzen. Viele haben sich inzwischen auf den Weg der sozial-ökologischen Wende gemacht. Sei es durch eigene Blockheizkraftwerke, Photovoltaikanlagen, energetische Sanierungen, nachhaltig und fair produzierte Berufskleidung, Vermeidung von Lebensmittelverschwendung oder die Umstellung von Fuhrparks auf Elektromobilität.

Um tatsächlich Kurs halten können, müssen klimafreundliche Investitionen deutlich attraktiver werden. Dazu brauchen wir politische Unterstützung. Neben Sparsamkeit und Wirtschaftlichkeit sollte Nachhaltigkeit als Grundprinzip in den Sozialgesetzbüchern verankert werden. Die dringend notwendigen Investitionen unserer Träger und Einrichtungen in den Klimaschutz müssen von den Kostenträgern refinanziert werden. Es braucht eine kohärente Politik, die Förderprogramme auch für gemeinnützige Unternehmen auflegt, die nachhaltiges Wirtschaften honoriert und Nachhaltigkeit in der Refinanzierung der sozialen Arbeit verankert.

Kurs halten will die Diakonie auch in ihrem Engagement für eine sozial gerechte Klimaschutzpolitik. Wir setzen uns dafür ein, die Einnahmen aus der nationalen CO_2-Bepreisung komplett an die Bürgerinnen und Bürger in Form eines sozialen Klimageldes zurückzugeben. Haushalte mit mittleren oder geringen Einkommen haben den kleinsten CO_2-Fußabdruck. Aber sie haben die größten Belastungen durch die klimabezogenen Preissteigerungen. Wir werden nicht nachlassen, uns für eine sozial gerechte Gestaltung der ökologischen Transformation einzusetzen.

Um Klimaschutz und Nachhaltigkeitsziele umzusetzen, sind wir alle gefragt. Dafür muss aber auch die Politik Kurs halten. Noch haben wir die Wahl. Wir haben die Möglichkeit zu diskutieren, zu streiten und um den besten Weg in eine nachhaltige Zukunft zu ringen – in den Parlamenten, in der Gesellschaft und in der Diakonie. Dazu leistet dieser Tagungsband einen wertvollen Beitrag. Ich hoffe, dass er zu weiteren konstruktiven Debatten und zu dem notwendigen nachhaltigen Handeln anregt.

Rüdiger Schuch
Präsident
Diakonie Deutschland

Nachhaltigkeit als diakonischer Blick in die Tiefe
Eine Einführung in diesen Band

Markus Schmidt

Dieser Band hat sich zur Aufgabe gemacht, den Begriff der Nachhaltigkeit in die diakoniewissenschaftliche Theoriebildung und Praxisreflexion einzuführen. Dass sich diakonische Unternehmen zunehmend dem Thema »Nachhaltigkeit« stellen müssen, betrifft bei Weitem nicht nur die wirtschaftlichen und ökologischen Aspekte ihres Handelns. Zwar liegt in diesen beiden Aspekten an sich ein Konglomerat von finanziellen und strukturellen Herausforderungen, die zudem nicht ohne sozialstaatliche Förderung zu bewältigen sein dürften. Doch der diakonische Umgang mit diesen Herausforderungen hat auf mehr als allein auf Bilanzen und strategische Machbarkeit zu schauen.

Die Diakonie – sowohl die verbandliche Diakonie, die kirch(gemeind)liche Diakonie als auch das private christliche Handeln – haben den Nachhaltigkeitsgedanken aus einer theologischen Reflexion heraus zu entwickeln, die über bloß populäre Begriffsbestimmungen, wie etwa »Nachhaltigkeit« auf Umweltschutz zu reduzieren, hinausgeht. Diakonisch-theologische Zugänge beziehen sich auf den Menschen und seine Würde sowie auf die ethische Verantwortung diakonischen Handelns Mensch und Welt gegenüber.

1 Einseitigkeiten des Begriffes erkennen und überwinden

Hat sich der Begriff der Nachhaltigkeit gesamtgesellschaftlich in den letzten dreißig Jahren etabliert und nahm diese Entwicklung in der zurückliegenden Dekade noch einmal an Fahrt auf, benennt seine Semantik heute gemeinhin eine Kategorie, die von Ressourcenschonung, Emissionsfreiheit und zugleich Wirtschaftsverträglichkeit gekennzeichnet ist. Nachhaltigkeit ist dabei zu einem Identifikationsbegriff avanciert: In seinem heutigen Gebrauch drückt er Identifikationen mit Lebensformen aus, bestimmt Emotionen und impliziert weltanschauliche bzw. moralische Bewertungskriterien. Ist demnach etwas, das »nachhaltig« genannt wird, als (umwelt-) »freundlich« anzusehen, gilt es damit automatisch als »gut« und »richtig«, sodass dadurch Sympathien *und* Moralurteile gewichtet werden. Als Begriff, der Weltanschauung, Emotion und Bewertung betrifft, ist seine Semantik häufig von einer Gleichsetzung der Attribute »nachhaltig« und »grün« bestimmt, was jedoch vermeintliche und letztlich missverständliche (partei-)politische Zuordnungen aufrufen kann.

Eine durch Emotion und Moral aufgeladene Begrifflichkeit ist in der Lage, Effekte hervorzurufen, die für Marketingstrategien wirksam genutzt und kommerzialisiert werden können. Spätestens wenn »Nachhaltigkeit« als Etikett genutzt wird, muss die Frage gestellt werden, ob das Etikettierte an sich nachhaltig ist – ob das, was darunter steht, wirklich bis in die Tiefe *nachhält* (»Nachhaltigkeit«: lat. *sustinentia*, von *sustinere*: standhalten, aufrecht erhalten, unterhalten; vgl. engl. *sustainability*) – oder stattdessen von einer bloß oberflächlichen Auszeichnung zu reden wäre, also ein Widerspruch zu dem entsteht, was das Etikett auszuzeichnen vorgibt. Das Etikett »Nachhaltigkeit« vermag es, Sympathien und Bewertungsmuster aufzugreifen, sodass dadurch Produkte möglicherweise besser zu verkaufen sind, dabei die Frage nach den ethischen Bedingungen eines beworbenen Produktes ausgeblendet und Gewissen bereinigt werden können.

2 Bildung und Entwicklung, Spiritualität und Ethik, Emanzipation und Empowerment als Aufgabe für das Nachhaltigkeitskonzept der Diakonie

In einer Gesellschaft, die sich auf dem Weg der sogenannten Großen Transformation befindet, braucht es den Blick hinter die Etiketten. Nachhaltigkeit verlangt begrifflich den Blick in die Tiefe, also in das, was dahintersteht und nachhält. So wird in diesem Band ein umfassenderer Zugriff versucht. Es wäre ein Trugschluss, nur von Umweltfaktoren oder Wirtschaftlichkeitsberechnungen auszugehen und dabei die Frage nach dem Menschen und seiner Würde auszublenden. Nachhaltig kann nur sein, was auch ethisch nachhält. So wäre z. B. im Blick auf ein Produkt auch auf seine Produktionsbedingungen zu schauen (Lebensbedingungen, Finanzanlagen, Lieferketten etc.).

Ein umfassenderer Zugang auf »Nachhaltigkeit« muss also neben Ressourcenschonung und Wirtschaftsverträglichkeit auch Bildung und Entwicklung, Spiritualität und Ethik, Emanzipation und Empowerment in den Blick nehmen. Sind bzw. werden Menschen mündig und befreit? Wird ihnen ein Leben in Freiheit und mit Bildungschancen zugestanden und dieses gefördert? Gibt es Denk- und Redeverbote, die Debatten vorzeitig lenken? Wird der Mensch in seiner Würde als mehr angesehen denn als lebendige Materie, sondern in seiner Verantwortung für diese unantastbare Würde des menschlichen Lebens von dessen Anfang bis zu dessen Ende gestärkt?

Der geweitete Blick verlagert den Fokus vom möglicherweise »grünen« Produkt auf die ethische Verantwortung. Nachhaltigkeit ist somit auch in der Gesundheits- und Sozialwirtschaft zu thematisieren und zwar nicht nur hinsichtlich der Nutzung ressourcenschonender Energiequellen und CO_2-neutraler Angebote, sondern auch in Bezug auf die Entwicklung und Bildung aller beteiligten Menschen, d. h. sowohl auf der Kunden- wie auf der Mitarbeitendenseite.

3 Zu den Beiträgen dieses Bandes

Dieser Sammelband geht zurück auf den Diakoniewissenschaftlichen Studientag »Nachhaltigkeit« der Fachhochschule der Diakonie in Bethel am 13. Februar 2024. Die Vorträge und Workshops der Tagung beleuchteten »Nachhaltigkeit« als Thema für Management und Bildung in der Diakonie. Die Beiträge sind in überarbeiteter Fassung in diesen Band aufgenommen.

Reiner Anselm lotet ethisch die Facetten des Begriffes aus, indem er ihn als stark moralisch besetztes Konzept (thick moral concept) vorstellt. Zeigt Anselm, wie der Terminus seine Bedeutungen vor dem Hintergrund der aktuell großen gesellschaftlichen Themen wie des Klimawandels, aber auch sozialer und globaler Gerechtigkeit usw. entfaltet. Aber zugleich wird deutlich, dass der Begriff in der Lage ist, angesichts immer weiter wachsender Komplexitäten auf die allgemeine Sehnsucht nach überschaubaren Verhältnissen aufzusatteln. Der grundlegende ethische Zugriff auf den Nachhaltigkeitsbegriff liegt nun in der Erkenntnis, dass die Rede von Natur, Umwelt oder Schöpfung bzw. Bewahrung der Schöpfung die »Verarbeitung einer spezifisch modernen Erfahrungswelt«, d. h. die Erfahrung des menschlichen Zerstörungspotentials enthält, auf das verantwortlich zu reagieren sei, womit sich der Nachhaltigkeitsbegriff als Verantwortungsbegriff zeigt.

Was Nachhaltigkeit im unternehmerischen Handeln des Diakoniemanagements bedeutet, arbeitet *Beatrix Waldmann* heraus. Sie versteht die verbandliche Diakonie als eine maßgebliche gesellschaftliche Akteurin im Prozess der sogenannten Großen Transformation, der es zukommt, die Formen und Felder ihres diakonischen Handelns als nachhaltiges Handeln zu entwickeln, wobei damit unbedingt auch soziale Nachhaltigkeit gemeint ist. Die Aufgabe der Diakonie, Anwältin der Schwachen zu sein, muss unternehmerische Nachhaltigkeit nicht nur als ökologisches, sondern auch und gerade als sozialpolitisches Anliegen verstehen. Dafür untersucht Waldmann das Managementinstrument der Gemeinwohlbilanzierung. Indem sie dessen Chancen und Grenzen analysiert, wendet sie es auf diakonisches Management an.

Angesichts des demographischen Wandels bezieht *Andreas Rohnke* den Nachhaltigkeitsbegriff auf die Personalentwicklung in Kirche und Diakonie, welche aufgrund der zunehmend älter werdenden Gesellschaft ihren Personalbedarf mit weniger jüngeren Menschen wird decken können. Rohnke zeigt Aspekte im Sinne eines sogenannten Diversity-Recruitings, das ältere Fachkräfte wie Quereinsteiger mit größeren Erfahrungsschätzen, benachteiligte Jugendliche, Menschen mit Behinderungen oder mit Migrationserfahrungen in den Blick nehmen sollte. Es wäre an der Zeit, diese Gruppen, deren Gewinnung und Pflege mit einem (vermeintlich) höheren Aufwand verbunden sein könnte, nicht mehr zu vernachlässigen, sondern als Potentialträger zu verstehen und ihnen mit entsprechender Wertschätzung zu begegnen. Dies fordert eine Personalpolitik, welche positive Bindungskräfte aus der Identifikation mit dem Arbeitgeber ermöglicht.

Die Anknüpfungspunkte des Nachhaltigkeitsgedankens im Personalmanagement führt *Jörg Martens* weiter in Richtung Bildung und Lernen am Arbeitsplatz. Verschiedene Lernformen und Lernmedien, auch digitaler Art und im Blended-Learning-

System, werden benannt. Die Anforderungen liegen vor allem darin, dass nachhaltige (Aus-, Fort- und Weiter-)Bildung am Arbeitsplatz nur durch ein offenes und unterstützendes Personalmanagement erreicht werden kann, um sowohl den sich wandelnden Anforderungen des Unternehmens als auch und gerade der Beschäftigten gerecht zu werden. Hierzu gehört häufig eine grundlegende Neuausrichtung der jeweiligen betrieblichen Lernkultur, die auch ein gezieltes soziales, d. h. gesteuertes kollegiales Erfahrungslernen beinhalten soll. Die von Martens gezeigten didaktischen Prinzipien unterstreichen, dass das Lernen am Arbeitsplatz überhaupt als eine Voraussetzung für nachhaltiges Personalmanagement zu verstehen ist.

Aus religionspädagogischer Perspektive schaut *Claudia Gärtner* kritisch auf »Nachhaltigkeit«. Sie zeigt, was gerade für den sozialpolitischen, öffentlichen Auftrag der Diakonie von zentraler Bedeutung ist: Die Rede von »Resilienz zielt auf die konstruktive individuelle Bewältigung der Krise, jedoch nicht auf deren Ursachen und die strukturelle Vermeidung der Krise«. Gerade aus diakonisch-theologischer Sicht aber ist Resilienz als ein ambivalentes Konzept zu kritisieren. Nachhaltigkeit darf demnach also nicht einfach als Resilienz auf Mikroebene (individuell, regional, situativ) verstanden werden, womit die Hauptlast bei den Einzelpersonen läge und die Frage nach gerechteren Strukturen ausgeblendet wäre, sondern ist erst aus einem Empowerment auf Makroebene (sozial, global, strukturell/politisch) heraus zu erreichen. Gärtner weist auf die breiten Traditionen der christlichen Spiritualität hin, die in der Lage sind, sowohl das Individuum zu stärken, als auch zum politisch-aktiven Handeln zu befähigen.

Ralf Fischer zieht die religionspädagogischen Linien weiter, indem er am Beispiel des Projekts »Unterwegs in Gottes Welt« zeigt, dass und wie religiöse Bildung nachhaltig ausgerichtet werden kann. Das rheinisch-westfälisch-lippische Projekt hat zum Ziel, biographische Übergangsphasen am Schulbeginn bzw. bei Schulwechsel zur ersten und zur fünften Klassenstufe durch Gottesdienstformate liturgisch und religionspädagogisch zu begleiten. Der Nachhaltigkeitsbegriff weist auch hier in die Tiefe: Es geht um Tiefenstrukturen von Inhalten, die – damit sie nicht bloß an der Oberfläche angesprochen werden – in der Verbindung von Biographie, Gottesdienst und Unterricht entdeckt werden können.

4   Dank und Wunsch

Dieser Band und die dahinter stehende Tagung wären durch finanzielle Unterstützungen nicht realisierbar gewesen. Besonderer Dank gilt den unterstützenden Organisationen wie der Bank für Kirche und Diakonie, welche die Tagung gefördert hat, sowie den Geldgebern zur Realisierung der vorliegenden Publikation: der Hoffnungstaler Stiftung Lobetal und der Diakonie Deutschland sowie der Fachhochschule der Diakonie, welche wieder großzügig Ressourcen bereitgestellt hat. Herrn Benedikt Brandt, B.A. danke ich für das gründliche Lektorat. Gedankt sei dem Verlag Kohlhammer und Herrn Sebastian Weigert für die kompetente Betreuung sowie den Herausgebern dieser Reihe für die Aufnahme in deren Reigen.

Diese Einleitung schreibe ich in der Pfingstwoche 2024. »Du sendest aus deinen Odem, so werden sie geschaffen, und du machst neu das Antlitz der Erde« heißt es im Wochenpsalm Psalm 104. Eine nachhaltige Sicht auf das geschöpfliche Leben besteht darin, den Lebensodem als unverfügbar zu achten und aus den Tiefen der Quelle Gottes zu erbitten. Es bleibt zu wünschen, dass die mit diesem Band angezeigten Perspektiven auf Umwelt und Mitwelt, Verantwortung und Würde, Spiritualität und Bildung in der Weiterentwicklung der Diakonie nachhalten mögen.

Nachhaltigkeit – zwischen Greenwashing, Angst und Verantwortung[1]

Reiner Anselm

1 Nachhaltigkeit als »Thick Moral Concept«

Der Begriff der Nachhaltigkeit hat in den letzten Jahren eine erstaunliche Karriere erfahren. Von einem eher technischen Begriff hat er sich zu dem gewandelt, was man im Anschluss an Bernard Williams als »thick moral concept«[2] bezeichnen könnte, eine Charakterisierung, die eine Sache in einer hinreichend exakten Weise beschreibt und zugleich mit einer handlungsanleitenden Wertung versieht. Anders als unspezifische, »dünne« moralische Konzepte, die zwar auch etwas als erstrebenswert kennzeichnen, aber nicht genau sagen, worin dies begründet ist, charakterisieren »dichte« Konzepte einen Sachverhalt näher und präziser. Welchen Unterschied dies macht, wird deutlich, wenn man sich folgendes Beispiel vor Augen führt: Wenn ich ein Produkt als »gut« bezeichne, dann ist klar, dass ich es auch positiv bewerte und etwa eine Kaufempfehlung abgebe. Wenn Sie mich und meine Vorlieben aber nicht kennen, dann wird Sie ein solches »dünnes« Konzept vielleicht noch nicht vollständig überzeugen und zum Kaufen veranlassen. »Nachhaltig« hingegen könnte eine entsprechende Eigenschaft sein, denn »Nachhaltigkeit« führt bereits einen Bedeutungshorizont mit sich, der mehr ist als nur eine auf bestimmten Überzeugungen und Präferenzen beruhende Meinung. Nachhaltig zu handeln, heißt richtig zu handeln, und umgekehrt ist es falsch und nicht eben nur »schlecht«, nicht nachhaltig zu agieren.

Diese Eigenschaft von »nachhaltig« macht den Begriff besonders attraktiv für die Werbung. Denn Werbung ist ja ganz grundlegend daran interessiert, Beschreibungen mit einer letztlich alternativlosen Handlungsentscheidung zu verbinden: Du musst mich kaufen. Allerdings, und hier beginnen dann die Probleme, ist viel zu unpräzise definiert, worin Nachhaltigkeit genauer besteht. Auch die Sustainable Development Goals (SDGs) der Vereinten Nationen helfen hier nicht wirklich weiter, denn in ihrer Vielzahl und auch in ihrer umfassenden Ausrichtung bieten sie letztlich für jede Maßnahme und jede Eigenschaft einen Haftpunkt. So dürfen sich Wirtschaftsförderungsprogramme durchaus als SDG-kompatibel bezeichnen, da men-

---

1 Der Beitrag ist eine geringfügig überarbeitete Fassung eines Vortrags im Rahmen des Diakoniewissenschaftlichen Studientags Nachhaltigkeit der Fachhochschule der Diakonie in Bielefeld im Februar 2024. Dabei greife ich zurück auf Überlegungen, die ich unter dem Titel »Nachhaltigkeit und Verantwortung« veröffentlicht habe (Anselm, 2020).
2 Vgl. Williams, 1999, bes. 170–185.

schenwürdige Arbeit und Wirtschaftswachstum (SDG 8) explizit Teil der Agenda 2030 sind. Gleichzeitig aber ist – interessant, weil zirkulär formuliert – von nachhaltiger Produktion und nachhaltigem Konsum (SDG 12) die Rede. Greenwashing ist in diesem Zusammenhang zu sehen. Es zeigt aber auf der anderen Seite auch trotz allen Missbrauchs, der damit einhergeht, dass Nachhaltigkeit einen starken Handlungsimpuls freisetzt. Dieser Impuls ist dabei motiviert durch eine positive Erzählung. Es sind keine apokalyptischen Ängste, es ist eben nicht die Heuristik der Furcht, von der noch Hans Jonas 1979 im »Prinzip Verantwortung«[3] sprach, sondern eine positive Begrifflichkeit, die Zuversicht, durch Handeln die Welt verändern zu können, die Nachhaltigkeit mit sich bringt und die sie dann eben auch anfällig und attraktiv für diejenigen macht, die ihre Praktiken damit reinwaschen möchten.

Doch trotz aller Skepsis an solchen Praktiken bringt die Tatsache, dass sich so viele und so unterschiedliche Akteure des Begriffes bedienen, ein weiteres Moment zum Ausdruck, das mit der Verwendung von »Nachhaltig« einhergeht: die Wahrnehmung nämlich, dass Probleme nur gelöst werden können, wenn sie nicht nur sektorial betrachtet werden. So muss etwa Personalpolitik nicht nur den Rationalitäten der kaufmännischen Geschäftsführung und damit der Gewinnorientierung – bzw. im freigemeinnützigen Bereich – der Verlustvermeidung dienen, sondern auch dem Arbeitsklima, der Ressourcenfreundlichkeit. Oder die Backmischung – um mit dem Beispiel am Bielefelder Vortragsort zu bleiben – muss nicht nur einen guten Kuchen hervorbringen, sondern auch die Umwelt schonen und zu weniger Energieverbrauch führen. Nachhaltigkeit ist ein Indiz dafür, dass komplexe Fragestellungen durch das strukturierte Zusammenwirken unterschiedlicher Systeme gelöst werden müssen – und die Art, wie eine solche Zusammenarbeit aussehen kann, ohne die Eigenrationalitäten der jeweiligen Funktionssysteme zu stören, wird durch den Nachhaltigkeitsbegriff angezeigt.

2 Die Sehnsucht nach überschaubaren Verhältnissen

Eben deswegen gilt Nachhaltigkeit bei vielen als Schlüssel für die Lösung der großen Herausforderungen, vor die sich die Menschheit derzeit gestellt sieht: Klimawandel, Umweltzerstörung, globale Gerechtigkeit, Migration. Konfrontiert mit komplexen Herausforderungen unterstützt der Begriff das Gefühl eines Handelns, das über die unmittelbare Systemlogik hinausgeht. Genau darin aber liegt nun auch eine Gefahr begründet, die tiefer reicht und auch problematischer ist als solche Zweckentfremdungen: Nachhaltigkeit kann sich mit der Sehnsucht nach überschaubaren, vormodernen Verhältnissen verbinden, nach einer Gesellschaft, in der unangetastet von dem ökonomischen Druck eines weltweiten ökonomischen Wettbewerbs eine Insel des verantwortungsbewussten und harmonischen Handelns entsteht.

---

3 Vgl. Jonas, 2024.

Ich denke, erst allmählich, dann aber mit hoher Geschwindigkeit und Dringlichkeit ist in den letzten Jahren klar geworden, dass solche Bilder regionaler Wohlordnung keineswegs nur und allein positiv zu sehen sind als Ausdrucksformen vorbildlichen Handelns. Sie können auch eine Schattenseite haben, wenn sie nämlich an die Stelle globaler Verantwortung die Abschottung in das Überschaubare setzen und sich dies mit einem ausgrenzenden, antimodernen Regionalismus verbindet. Wie leicht dies möglich ist und wie schwierig entsprechende Grenzziehungen sind, zeigte sich nicht nur im Kontext der Corona-Pandemie. Auch die tiefe Ambivalenz, die z. B. Konzepten der Naturheilkunde und der Alternativmedizin anhängt, oder auch die Möglichkeiten der Ideologisierung des ökologischen Landbaus etwa im Umfeld der Anthroposophie wären hier zu nennen.[4] Nachhaltigkeit darf nicht zum trojanischen Pferd werden, um antimoderne und möglicherweise sogar neonationale Gedanken zu verbreiten.

Dazu kommt, dass tatsächlich oft eine Spannung zwischen dem Lokalen und dem Globalen zu verzeichnen ist. Die oft gebrauchte Formel »Global denken – lokal handeln« kann dieses Problem nur mühsam und vor allem nur oberflächlich überdecken. Denn nur zu häufig stehen beide Ebenen zueinander in Konkurrenz: Gerechtigkeit im globalen Maßstab muss keineswegs auch regional Gerechtigkeit zur Folge haben und die Ressourcen, mit denen ein nachhaltiger Umgang gepflegt werden soll, sind im globalen Maßstab keineswegs so klar und vor allem so einheitlich zu definieren, wie es auf einer oberflächlichen, oft rhetorischen Ebene erscheint. Die Bauernproteste haben uns das wieder eindrücklich vor Augen geführt. Ebenso stehen sich, um noch ein weiteres Beispiel zu nennen, in den Diskursen über Nachhaltigkeit die Kritik an globalen Handelsströmen und die Aufforderung, Fragen von Armut und Entwicklung im weltweiten Maßstab zu betrachten, oft spannungsreich gegenüber.

Es spricht für sich, dass sich in der ökumenischen Bewegung, in der das Konzept der Nachhaltigkeit schon früh präsent war, schnell eine Debatte darüber entspann, ob das Nachhaltigkeitsparadigma nicht nur eine neue Form eines als Moral getarnten Kolonialismus der reichen Staaten des Nordens darstellen solle, um den sich entwickelnden Ländern des Südens Wachstumschancen zu versagen. Die Konflikte, die sich hier schon in den 1960er-Jahren artikulierten, kommen zu keiner Klärung, sie werden vielmehr über einen Formelkompromiss befriedet: Seit 1970 wird im ÖRK eine zweigliederige Formulierung favorisiert; die Mitgliedskirchen streben, so heißt es nun, eine »nachhaltige und gerechte Entwicklung« an – ohne dass das Verhältnis von Nachhaltigkeit und Gerechtigkeit hinlänglich geklärt wäre.[5] Die Umstellung von »sustainable and just society auf »just, participatory, and sustainable society" nur ein Jahr später bei der fünften Vollversammlung des ÖRK 1975 in

---

4 Vgl. Pöhlmann, 2021, bes. 57–59.81–83.174–182; Zur Anthroposophie s. Zander, 2019. Ein eindrucksvolles und gleichzeitig erschreckendes Beispiel für diese Verbindung stellt die vierteljährlich im Dresdner Oikos-Verlag erscheinende neurechte Zeitschrift »Die Kehre« dar.
5 Vgl. hierzu insbes. Zaugg-Ott, 2003; die Vorgeschichte findet sich bei Dejung, 1973.

Nairobi spricht hier Bände.⁶ Dass nun aber gerade der Gerechtigkeitsbegriff sehr unterschiedliche und kontroverse Assoziationen und Konsequenzen motivieren kann, habe ich eben herauszustellen versucht.

Doch nicht der Blick auf solche Unabgeglichenheiten, sondern die dahinterliegende Tiefenstruktur soll hier im Vordergrund stehen – und zwar deswegen, weil sie den Weg für einen konstruktiven Umgang mit dem Nachhaltigkeitskonzept bahnen und zugleich auch die Sensibilität für einen antimodernistischen Gebrauch der Nachhaltigkeitssemantik wecken kann. Diese Tiefenstruktur besteht in der Renaissance der Vorstellungswelten des Biedermeier und der Romantik, mit denen dem ins Offene Weisenden der Aufklärung entgegengetreten werden soll. Aller Globalorientierung zum Trotz: Es sind oft die kleinen heilen Welten, denen das Ziel gilt. Die Hochschätzung alternativer Schulformen in den Milieus, die den Nachhaltigkeitsdiskurs zivilgesellschaftlich prägen, stellt hierfür vielleicht das sprechendste Beispiel dar: Der Vielfältigkeit und auch der Widersprüchlichkeit, die den Alltag an einer allgemeinen Schule prägen, wird die geschlossene Gemeinschaft einer durch gemeinsame Überzeugungen getragenen Privatschule entgegengesetzt. Hierzu passen auch die Rückkehr des Heimatbegriffs und die Orientierung an einem Leben im Einklang mit der Natur. Und dazu gehört auch, im Kleinen das eigene Leben möglichst gut abzuschotten gegenüber den irritierenden Entscheidungskonflikten und Pluralitätserfahrungen moderner Gesellschaften.

3 »Schöpfung« statt »Natur« als Referenzrahmen

Die spezifische Färbung, die dem Verweis auf die Herkunft des Nachhaltigkeitsbegriffs aus der Forstwirtschaft eignet, fügt sich hier nahtlos ein. Denn was könnte besser für Heimat stehen als der Wald? Die Rückbindung an die Rhythmisierung natürlicher Abläufe und Stoffkreisläufe lässt sich vortrefflich mit dieser Anbindung der Nachhaltigkeitsdebatte an romantische Naturvorstellungen verbinden. Um den möglichen Makel der Provinzialität zu umgehen, werden diese romantischen Vorstellungen nicht selten mit naturreligiösen Elementen indigener Kulturen verbunden; dass es sich dabei jedoch häufig um Stereotypen handelt, die über westliche Zivilisationskritik solchen indigenen Kulturen zugeschrieben werden, wird häufig übersehen. Die in Umweltkreisen zeitweilig weitverbreitete Rede des Häuptlings Seattle, die in dieser Form anachronistisch auf das von Ted Perry für den Film »Home« 1972 verfasste Skript zurückgeht⁷, bringt das plastisch zum Ausdruck.

Die Faszination, aber zugleich auch die Gefahr dieser romantischen Assoziationen besteht darin, einer Passivitätsvorstellung das Wort zu reden, die nicht nur den *Status quo* zu zementieren droht, sondern vor allem auch die Verantwortung

---

6 Zur Entwicklung der ökologischen Theoriebildung im ÖRK vgl. auch Bedford-Strohm, 2009; ders., 2001, 94–187. Bedford-Strohm erwähnt die angesprochenen Konflikte zwar kurz, bleibt aber ansonsten ganz der europäischen Perspektive verhaftet.
7 Vgl. Kaiser, 1987.

des Einzelnen delegiert an die Vorstellung eines sich möglichst harmonischen Einfügens in das durch die Natur Vorgegebene. Die Anziehungskraft, die von einem solchen durch die Vorstellungswelten der Romantik und des Biedermeier überformten Denkens ausgeht, besteht zunächst in der Entlastung, die sich daraus ergibt: Ethisch legitimiert ist demnach ein Handeln, das sich im Einklang mit der Natur befindet. Nicht das Gestalten, sondern das Einfügen erscheint dann als Inbegriff ethisch korrekter Lebensführung. Diese Wiederkehr der Orientierung an der Natur als einer ethischen Norm, die sich fast parallel zum Aufstieg des Nachhaltigkeitsparadigmas vollzieht, ist dabei durch ähnliche Ambivalenzen gekennzeichnet: So ist etwa der Egalitätsgedanke, wie er den Sozialstaatskonzeptionen eignet und deren Vorstellungen von Gerechtigkeit zugrunde liegt, keineswegs ein einfach aus der Natur ableitbarer Wert sondern verdankt sich einer voraussetzungsreichen ethischen Reflexion – genau deswegen ist das moderne Ideal gleicher gesellschaftlicher Anspruchs- und Partizipationsrechte auch von den Vertretern der klassischen Naturrechtstheorie bekämpft worden. Die Ungleichbehandlung von Frau und Mann stellt hier sicherlich ein ebenso sprechendes wie tragisches Beispiel dar.

Allerdings, und hier liegt eben die Attraktivität entsprechender Denkformen für die Lebensführung, suggeriert der Naturbegriff eine Entlastung der eigenen Urteilsbildung und vor allem der eigenen Verantwortlichkeit. Denn das Natürliche ist zugleich auch das Gegebene, das es hinzunehmen oder zu erhalten gilt. In kirchlich-theologischer Perspektive ist es der Schöpfungsbegriff, der interessanterweise den Nachhaltigkeitsbegriff im ökumenischen Diskurs in den 1970er-Jahren schon einmal beerbt hatte, der genau mit diesem Assoziationsraum und der zugehörigen Anziehungskraft – aber auch mit dem entsprechenden Missbrauchspotential – ausgestattet ist. Doch wie der Natur- und der Nachhaltigkeitsbegriff steht der Schöpfungsbegriff für eine harmonische Ordnungsvorstellung, die durch das übergriffige Handeln des Menschen in seinem Freiheitspathos gefährdet werde – ein Freiheitspathos, das, so die dann häufig anzutreffende Weiterführung des Gedankens, aber eben das des gefallenen und damit des sündhaften, nur am eigenen Vorteil orientierten Menschen sei.

Auch hier steht der Schöpfungsbegriff weniger für ein ausgearbeitetes theologisches Programm, sondern für ein bestimmtes Lebensgefühl, das auf die Ambivalenzen der Moderne reagiert. Allen semantischen Anklängen zum Trotz repräsentieren daher Nachhaltigkeit, Naturorientierung und auch die in Kirche und Theologie prominente Programmformel von der »Bewahrung der Schöpfung« kein antikes oder biblisches Gedankengut, sondern sie stellen die Verarbeitung einer spezifisch modernen Erfahrungswelt dar. Für die Welt der Bibel war das Bedrohungspotential der Natur sehr viel größer als für uns heute, daher ist ihr jede Naturromantik fremd. Uns heute wiederum steht das ungeheure Zerstörungspotential des Menschen deutlich vor Augen, das nicht nur die Menschheit, sondern auch das Ökosystem der Erde in Frage stellt. Schon deswegen ist eine Kritik an dieser Renaissance des Schöpfungsbegriffs wenig hilfreich, die darauf hinweist, dass aus der Perspektive klassischer dogmatischer Lehrbildung die Bewahrung der Schöpfung allein die Sache Gottes sei, während die Hybris des Menschen sich gerade dort am meisten zeige, wo er sich anmaße, selbst etwas für die Erhaltung der Schöpfung beitragen zu können. Hier wird mit den Mitteln der vormodernen Dogmatik versucht, eine moderne Problemstellung zu bearbeiten. Genauer noch: Hier wird dogmatisch zu lösen versucht, was sich nur als Aufgabe der Ethik fassen lässt. Ebenso wenig hilfreich ist es aber auch, die neue Hinwendung zur Natur als Ausfluss des biblischen Zeugnisses auszugeben und so mit zusätzlicher Autorität auszustatten.

Nun kann überhaupt kein Zweifel bestehen, dass das eben bereits angesprochene Zerstörungspotential moderner Zivilisation und vor allem die bereits jetzt sichtbaren, menschengemachten Schäden an dem uns umgebenden Ökosystem der Erde eine verstärkte Aufmerksamkeit für die Fragen eines angemessenen Umgangs und vor allem eines angemessenen ethischen Instrumentariums für diesen Umgang fordert. Zweifel bestehen allerdings darin, ob der Assoziationsraum, der mit dem derzeit so populären Nachhaltigkeitsbegriff aufgerufen ist, geeignet ist, über die unzweifelhafte Kraft zur Motivation und die Aufforderung, sich nicht auf die Eigenrationalitäten jeweiliger Funktionssysteme zurückzuziehen, hinaus auch noch konkrete Orientierung zu leisten.

4 Konsequenzen

In meinen Augen scheint es zielführender, sich offensiv der Tatsache zu stellen, dass sich unter den Bedingungen der Moderne jede Ablastung der ethischen Entscheidung an unhinterfragbare, vorgegebene Strukturen nicht mehr halten lässt. Diese Einsicht entspringt nun keineswegs einem ungestümen Drang der Moderne, alles Gegebene zu diskreditieren. Sie resultiert vielmehr aus der den tragischen und leidensvollen Erfahrungen abgerungenen Erkenntnis, dass alle Versuche, die Natur und ihre vorgegebenen Strukturen zum Maßstab menschlichen Handelns werden zu lassen, gleichermaßen zu ideologischer Verblendung und revolutionärer Überhöhung oder auch zu quietistischer Passivität und gewaltsamer Unterdrückung führen. Der Verantwortungsgedanke, der als ethisches Prinzip vor allem nach 1945 an Popularität gewinnt, ist dabei der Versuch, aus den Erfahrungen zu lernen. Sicher ist auch der Begriff der Verantwortung nicht vor Unschärfen gefeit, etwa hinsichtlich der Frage, wer eigentlich das Forum der Verantwortung darstellt. Allerdings wird man dem Potential des Verantwortungsbegriffs nicht gerecht, wenn man versucht, diesen einzupassen in ein Korsett festgefügter Maßstäbe. Denn das eigentlich Produktive des »Prinzips Verantwortung« ist erst dort erfasst, wo von einer grundsätzlichen Offenheit der Entwicklung und vor allem der normativ gefassten Offenheit der Zukunft die Rede ist. Verantwortlich handeln bedeutet, sich an der Möglichkeit offener Zukunft zu orientieren und dabei in Beziehungen zu denken. Zu der Offenheit der Zukunft gehört es dabei, den Raum der Beziehungen nie vollständig vermessen zu können. Wem gegenüber wir uns zu verantworten haben und für was wir eine solche Verantwortung übernehmen müssen, das wissen wir nicht. Verantwortliches Handeln bedeutet, gerade mit solchen Unschärfen und Unsicherheiten so umzugehen, dass die Sensibilität für das Eingebundensein des eigenen Handelns in Beziehungen auf höchst unterschiedliche und teils widersprüchliche Weise gegeben ist.

So gesehen, öffnet sich vom Verantwortungsbegriff dann aber auch wieder eine konstruktive Perspektive für das angekündigte weiterführende Verständnis des Nachhaltigkeitskonzepts. Zwei Anstöße sollen hier genügen: Zum einen führt die Spur einer Interpretation von Nachhaltigkeit vom Gedanken der Verantwortung her zurück zu Carl von Carlowitz, bei dem sich 1713 wohl zuerst das Prinzip der Nachhaltigkeit für die Forstwirtschaft formuliert findet, das im 16. Jahrhundert entwickelt wurde, um dem Holznotstand des 15. Jahrhunderts abzuhelfen. Carlowitz verwendet den Begriff »nachhaltig« als Opposition zu »nachlässig« – und ein nachlässiges Handeln ist das, was heute als ein nicht verantwortliches Handeln zu interpretieren wäre. Dazu passt es, dass sich schon bei Carlowitz Nachhaltigkeit mit aufklärerischem, auf das gestaltende Handeln hin orientiertem Gedankengut verbindet. Ganz der heutigen Begriffsverwendung von »Verantwortung« entsprechend, steht Nachhaltigkeit zudem in enger Nähe zum Konzept des »gemeinen Nutzens«, das in der Frühen Neuzeit im Vorfeld aufklärerischer Ideale in kurzer Zeit sehr populär wurde. Nachhaltiges Handeln ist hier eine Tugend, die nicht nur auf den kurzfristigen eigenen Nutzen achtet, sondern das Gemeinwohl im Blick behält und das eigene Verhalten daran ausrichtet.

Eine zweite Spur führt zur Weiterentwicklung klassischer römisch-katholischer Naturrechtsethik und deren Interpretation von einem im Horizont der Aufklärung her verstandenen Thomas von Aquin bei Wilhelm Korff. Korff hat vorgeschlagen, Nachhaltigkeit nicht als etwas Statisches aufzufassen, sondern die Reverenz an die Natur mit dem Neologismus der Retinität, der Vernetzung und der damit verbundenen Sensibilität für das dynamische Beziehungsgefüge, in dem sich menschliche Lebensführung bewegt, zu verstehen.[8] Auch hier bedarf es im Wesentlichen des tugendhaften, eines verantwortlichen Handelns des Einzelnen, der sich nicht nur seiner selbst, sondern der eigenen Einbindung in Netzwerke verschiedenster Reichweite bewusst ist.

Der Netzwerkbegriff ruft dabei zudem auch noch ein anderes Modell der Gesellschaftsbeschreibung auf als das der Systemtheorie. Denn für das Netzwerk ist eben charakteristisch, dass alle einzelnen Knoten trotz unterschiedlicher Entfernung und unterschiedlicher Aufgaben miteinander verbunden sind. Ihre konkrete Anordnung ist dann selbst eine Gestaltungsaufgabe, bei der es nicht nur um Kommunikation zwischen den Systemen geht, wie Luhmann meinte[9], sondern durchaus um eine von gestaltenden Zielen getragene Anordnung. Diese aber zu bestimmen, kann, das haben Theoretiker wie Jürgen Habermas gesehen,[10] nicht über den Rückgriff auf vorgegebene Strukturen wie die Natur, sondern nur über geordnete Verfahren in einer vernunftgeleiteten Argumentation geschehen. Gerade deswegen ist es so wichtig, den antimodernen Zügen im Nachhaltigkeitsdiskurs entgegenzutreten. Eine solche Gestaltung des Netzwerks von Abhängigkeiten und damit der Gesellschaft ist aber auch deswegen notwendig, weil es nicht ausreichend ist, den Akzent

---

8 Vgl. Korff 1989.
9 Vgl. Luhmann 2018.
10 Vgl. aus dem weit verzweigten Werk von J. Habermas bes. Habermas 2009.

ganz auf das individuelle Verhalten zu legen, wie Korff meinte – so sehr natürlich jede Ordnung auf deren Akzeptanz durch das Individuum angewiesen ist.

Der Tugendbegriff aber nötigt nun auch dazu, abschließend noch einmal einen Blick auf den Beitrag der Theologie zu werfen. Gerade die Reformatoren hatten ja ein sehr distanziertes Verhältnis zur Tugend, weil sie durchaus zu Recht sahen, dass die Forderung eines tugendgemäßen Lebens gerade in der Offenheit, in die die christliche Freiheit den Einzelnen entlässt, auch schnell zu einer Überforderung und Verunsicherung führen konnte. Diese Schwierigkeit gilt in besonderer Weise auch für den Verantwortungsbegriff. Er wirkt dann lähmend, wenn er nicht getragen wird von der Überzeugung, dass der Mensch in letzter Hinsicht Gott Verantwortung schuldet – und zwar einem Gott, dessen versöhnendes Handeln in Jesus Christus die Belastungen, die mit dem Verantwortungsbegriff einhergehen, immer schon trägt und so den Einzelnen davon befreit, sich bei der Natur und ihren Ordnungsvorstellungen Entlastung holen zu wollen oder sich ins Private zurückzuziehen.

Literaturverzeichnis

Anselm, Reiner (2020), Nachhaltigkeit und Verantwortung, in: Christian Albrecht/Reiner Anselm (Hg.), Differenzierung und Integration. Fallstudien zum Öffentlichen Protestantismus, Tübingen, Mohr Siebeck, 2020, 123–132.

Bedford-Strohm, Heinrich (2001), Schöpfung (Bensheimer Hefte 96), Göttingen: Vandenhoeck und Ruprecht.

Bedford-Strohm, Heinrich (2009), Die Entdeckung der Ökologie in der ökumenischen Bewegung, in: Hans-Georg Link/Geiko Müller-Fahrenholz (Hg.), Hoffnungswege. Wegweisende Impulse des Ökumenischen Rates der Kirchen aus sechs Jahrzehnten, Frankfurt a. M.: Verlag Lembeck, 321–347.

Dejung, Karl-Heinz (1973), Studien zur Friedensforschung 11. Die Ökumenische Bewegung im Entwicklungskonflikt, 1910–1968, Stuttgart: Klett/Kösel.

Jonas, Hans (2024), Das Prinzip Verantwortung. Versuch einer Ethik für die technologische Zivilisation, Neuausgabe Hamburg: Suhrkamp.

Korff, Wilhelm (1989), Leitideen verantworteter Technik, in: Stimmen der Zeit 114, 253–266.

Luhmann, Niklas (2018), Systemtheorie der Gesellschaft. Hg. von Johannes Schmidt/André Kieserling/Christoph Gesigora, Berlin: Suhrkamp.

Habermas, Jürgen (2009): Zwischen Naturalismus und Religion, Berlin: Suhrkamp 2009.

Kaiser, Rudolf (1987), Chief Seattle's Speech(es). American Origin and European Reception, in: Brian Swann/Arnold Krupat (Hg.), Recovering the Word. Essays on Native American Literature, Berkeley: University of California Press, 497–536.

Pöhlmann, Matthias (2021), Rechte Esoterik. Wenn sich alternatives Denken und Extremismus gefährlich vermischen, Freiburg im Breisgau: Herder.Williams, Bernard (1999), Ethik und die Grenzen der Philosophie, Hamburg: Rotbuch.

Zander, Helmut (2019), Die Anthroposophie Rudolf Steiners. Ideen zwischen Esoterik, Weleda, Demeter und Waldorfpädagogik, Paderborn: Ferdinand Schöningh.

Zaugg-Ott, Kurt (2003), Entwicklung oder Befreiung? Die Entwicklungsdiskussion im Ökumenischen Rat der Kirchen 1969–1991, Frankfurt a. M.: Lembeck.

Gemeinwohl-Bilanz
Ein Instrument für diakonisches Nachhaltigkeitsmanagement

Beatrix Waldmann

1 Diakonie als Akteurin der Großen Transformation

Im Hauptgutachten »Welt im Wandel: Gesellschaftsvertrag für eine Große Transformation« definiert der Wissenschaftliche Beirat der Bundesregierung Globale Umweltveränderungen (WBGU) den nachhaltigen weltweiten Umbau von Wirtschaft und Gesellschaft als Große Transformation. In den zentralen Transformationsfeldern müssen Produktion, Konsummuster und Lebensstile so verändert werden, dass die globalen Treibhausgasemissionen im Verlauf der kommenden Dekaden auf ein absolutes Minimum sinken und klimaverträgliche Gesellschaften entstehen können. Die Große Transformation zur klimaverträglichen Gesellschaft wird befördert von der kulturellen Leitidee, ein gutes Leben für weltweit alle Menschen innerhalb gegebener planetarer Grenzen zu schaffen. Dieser »normative Kompass« einer zivilisatorischen Vision erfordert einen institutionellen Rahmen und die Einhaltung bestehender ökonomischer und technologischer Potentiale. Ideen und neue Wertvorstellungen geben die Grundlage für eine Veränderung.

Unternehmen wird eine bedeutende Rolle in diesem Transformationsprozess zuteil. Mit der Neudefinition ihrer Strategien, der Reorganisation ihrer Wertschöpfungsketten und der Orientierung ihrer Unternehmensziele auf die Lösung gesellschaftlicher Herausforderungen können sie ein wichtiger Treiber einer nachhaltigen Entwicklung sein. Der WBGU benennt für Großunternehmen entscheidende Kriterien, um als Akteure des Wandels zu gelten. Dazu zählen deren innovative Kapazität und Gemeinwohlorientierung, deren Fähigkeit »Neues« zu kommunizieren, Identität und das Bewusstsein von Wirkmächtigkeit zu vermitteln.[1]

Die Diakonie Deutschland ist Dachverband für über 2.500 soziale Einrichtungen, die als Nonprofit-Unternehmen am Markt tätig sind. Sie steht in ihrer eigenen Zuschreibung für den Dienst am und die Liebe zum Menschen und sieht sich als Anwältin der Schwachen.[2] Im Leitbild formuliert der Spitzenverband Diakonie Deutschland den Einsatz der Diakonie für das Leben in der »Einen Welt« unter anderem in der Bewahrung des Friedens und der Schöpfung.[3] Diakonie sieht sich

---

1 Vgl. WBGU, 2011, 257–260.
2 Vgl. https://www.diakonie.de/auf-einen-blick (Zugriff: 28.3.2023).
3 Vgl. https://www.diakonie.de/fileadmin/user_upload/Diakonie/PDFs/Ueber_Uns_PDF/Leitbild.pdf (Zugriff: 3.3.2023).

als Teil der sozialen und ökologischen Transformation und will diese als Dachverband in den Diakonieunternehmen vorantreiben. In ihrem Statement zur Nachhaltigkeit erklärt sie die Bewahrung der Schöpfung und verantwortungsvolles Wirtschaften zu einem selbstverständlich christlichen Wert und orientiert sich an den 17 Nachhaltigkeitszielen der Vereinten Nationen.[4]

Mit ihrer offensiv vertretenen Zuwendung zum einzelnen Menschen, Werteorientierung und ihrem Bekenntnis zur Schöpfungsbewahrung müssen diakonische Unternehmen Stellung beziehen zu ihrer unternehmerischen Sozialverantwortung, ihrem gesellschaftlichen Nachhaltigkeitsbeitrag über tätige Sozialarbeit hinaus, ihren Maßnahmen zur Bewahrung der Schöpfung und ihrer Positionierung in der Schöpfungsgemeinschaft. Außerdem sind sie aufgefordert, sich aktiv am gesellschaftlichen Diskurs zu Themen der Großen Transformation zu beteiligen.

Die Notwendigkeit unternehmerischer Nachhaltigkeit ist bei vielen international tätigen Unternehmen angekommen. Jedoch befinden sich die Unternehmen in Verständnis und Umsetzung nicht auf einem Niveau. Thomas Dyllick zeigt in der »Typologie unternehmerischer Nachhaltigkeit«[5] drei Phasen auf dem Weg zur wirklichen Nachhaltigkeit.

	Anliegen (Was?)	Geschaffene Werte (Für wen?)	Perspektive (Wie?)
Business as usual	Ökonomische Anliegen	Shareholdervalue	Von innen nach außen
Unternehmerische Nachhaltigkeit 1.0	Ökonomische, ökologische und soziale Anliegen	Verfeinerter Shareholdervalue	Von innen nach außen
Unternehmerische Nachhaltigkeit 2.0	Ökonomische, ökologische und soziale Anliegen	Dreidimensionale Wertschöpfung	Von innen nach außen
Unternehmerische Nachhaltigkeit 3.0	Ökonomische, ökologische und soziale Anliegen	Schaffen gesellschaftlichen Nutzens	Von außen nach innen
Drei zentrale Entwicklungsschritte	Schritt 1: Verbreiterung der relevanten Anliegen	Schritt 2: Ausweitung der Wertschöpfung	Schritt 3: Veränderung der Perspektive

Abbildung 1: Typologie unternehmerischer Nachhaltigkeit nach Thomas Dyllick (Graphik B.W.)

Im klassischen Unternehmensmodell stehen wirtschaftliche Anliegen und Gewinnerzielung im Vordergrund. Umsetzung von Nachhaltigkeit obliegt der Gesellschaft

---

4 Vgl. https://www.diakonie.de/nachhaltigkeit (Zugriff: 28.3.2023).
5 Vgl. Dyllick, 2015.

oder dem Staat. Die Phase 1.0 beschreibt ein unternehmerisches Nachhaltigkeitsverständnis, das auf soziale und ökologische Anliegen der Gesellschaft mit Risikoreduktion und kostensparenden Nachhaltigkeitsmaßnahmen im Unternehmen reagiert und diese kommuniziert, um das eigene Image am Markt zu erhöhen. In der zweiten Phase wird das Nachhaltigkeits-Thema in Nachhaltigkeits-Strategien institutionalisiert und über Managementsysteme umgesetzt. Verbunden damit ist eine differenzierte Berichterstattung über den Erreichungsgrad der ökonomischen, sozialen und ökologischen Ziele. Der Blickwinkel in den Phasen eins und zwei richtet sich von innen nach außen mit dem Ziel, die negativen Auswirkungen der wirtschaftlichen Tätigkeit und den ökologischen Fußabdruck zu reduzieren. In der dritten Phase verändert sich die Perspektive hin zu outside-in, von den Problemstellungen der Gesellschaft hin zu Lösungsbeiträgen durch das Unternehmen.

In den organisationalen Managementsystemen diakonischer Unternehmungen findet ihr transformatorisches Wirken bisher keine deutliche Zuweisung. Das steht ihrem tatsächlich normativ-gestalterisch wahrgenommenen Auftrag, gute Lebensbedingungen für schwache Menschen zu gestalten und Leid von ihnen abzuwenden, entgegen. Und es widerspricht ihrer eigenen Zuschreibung eines transformatorischen Wirkens.

Diakonisches Tätigsein findet in einer heterogenen Umwelt statt. Diese Umwelt hat aufgrund der ethischen Werthaltung und dem kirchlichen Selbstverständnis anspruchsvolle Erwartungshaltungen an Diakonie. Vielfältige Lebensformen, kulturelle Vielfalt, unterschiedliche Glaubenshaltungen und Religiosität stehen in Wechselwirkung mit Mitarbeitenden und Unternehmen. Sie sind beeinflussende Faktoren für Unternehmenskultur, Beziehung der Mitarbeitenden zum Unternehmen, Bindungsfähigkeit von Unternehmen.

Sozialunternehmen, insbesondere diakonische, hätten mit ihrem Unternehmensziel, das sich wesentlich von Forprofit- Unternehmen unterscheidet und ihrem ethischen Anspruch durchaus die Möglichkeit, eine wirkliche unternehmerische Nachhaltigkeit der Stufe 3.0 zu erreichen!

2 Gesellschaftliche Unternehmensverantwortung in der Diakonie

2.1 Diakonischer Corporate Governance Kodex

Der Diakonische Corporate Governance Kodex beschreibt einen Handlungsrahmen, der an den Deutschen Corporate Governance Kodex angelehnt wurde. Er soll Transparenz und Nachvollziehbarkeit innerhalb der diakonischen Einrichtungen fördern und wesentliche Grundlagen zur Stärkung der Einrichtungskultur beschreiben. So verpflichtet er Vorstände und Aufsichtsgremien zur Beachtung betriebswirtschaftlicher Grundsätze und rechtlicher Bestimmungen, unter anderem wird als Transparenzstandard die Veröffentlichung eines unabhängig geprüften Jahresberichts gefordert. Bezüglich aufbau- und ablauforganisatorischer Aspekte der Einrichtungsführung beschränkt er sich auf Empfehlungen, die unter anderem die »Berücksichtigung von Transparenzgesichtspunkten« einschließen.⁶

Nachhaltigkeitsberichterstattung als nichtverpflichtenden »Transparenzgesichtspunkt« hinter betriebswirtschaftliche Grundsätze und einen wirtschaftlichen Jahresbericht zu stellen, steht dem Anspruch von Diakonie, Teil der sozialen und ökologischen Transformation zu sein, entgegen. Dieser wird an den Gesetzgeber vergeben: Ab 2025 soll nach Vorgabe der Europäischen Union der Jahres- bzw. Lagebericht für Unternehmen, die mindestens zwei der abgrenzenden Kriterien erfüllen, verpflichtend durch eine nicht-finanzielle Berichterstattung zur Auswirkung der Geschäftstätigkeiten auf Umwelt und Gesellschaft ergänzt werden. Die Kriterien umfassen eine Bilanzsumme größer als 25 Millionen Euro, einen Umsatz größer als 50 Millionen Euro, die Zahl von mehr als 250 Beschäftigten im Laufe des Jahres. Als umfänglichste Form der Berichterstattung wird international und in Deutschland der Nachhaltigkeitsbericht angewendet.⁷

2.2 Nachhaltigkeitsberichterstattung in diakonischen Unternehmen

2.2.1 Deutscher Nachhaltigkeitskodex

Die Initiative zum »Deutschen Nachhaltigkeitskodex« setzt Impulse für Unternehmen, die über ihre Nachhaltigkeitsleistungen berichten wollen oder müssen. Vom »Rat für Nachhaltige Entwicklung« 2011 beschlossen, ermöglicht er allen interessierten Unternehmen ihren Beitrag zur nachhaltigen Entwicklung anhand von 20 nicht monetären Berichtskriterien transparent zu machen.⁸

Ende November 2022 wurde der DNK Branchenleitfaden für die Freie Wohlfahrtspflege veröffentlicht, der inhaltlich auf die Gemeinnützigkeit dieser Branche orientiert ist. Die Freie Wohlfahrtspflege kann und soll »mit glaubwürdigem, beispielhaftem Vorangehen modellhaft und öffentlichkeitswirksam für eine soziale und ökologische Lebensweise sensibilisieren und damit ihre Rolle als gemeinnütziger Akteur in der Gesellschaft um den Aspekt der Nachhaltigkeit erweitern.«⁹

Der DNK-Leitfaden Freie Wohlfahrtspflege empfiehlt sich als ein praktikables Hilfsmittel im Nachhaltigkeitsmanagement für soziale Unternehmen der Freien Wohlfahrt. Er will Werkzeug für Strategie, Marketing und Compliance, Referenzrahmen für die Erfüllung von Berichtspflichten und die Erfassung von Nachhaltigkeitsrisiken sein. Dieser Standard will Nachhaltigkeitsleistungen transparent und vergleichbar darstellen, Glaubwürdigkeit gegenüber den Anspruchsgruppen im Sinne der CSR unterstützen und sich als impliziter Leitfaden für den Aufbau eines Nachhaltigkeitsmanagements anbieten.

---

6 Diakonie Deutschland: Diakonischer Corporate Governance Kodex.
7 Vgl. Baumast/Pape, 2022, 288.
8 Vgl. DNK, 2022.
9 A.a.O., 12.

Mit der freiwilligen Transparentmachung ihrer organisationalen Beiträge zu einer nachhaltigen Entwicklung können diakonische Unternehmen zu beispielgebenden Vorreitern ihrer Branche werden. Der DNK-Leitfaden muss sich jedoch der Kritik an seiner Glaubwürdigkeit stellen, da auch er keinen klaren Bewertungsrahmen setzt, der eine Vergleichbarkeit der Nachhaltigkeitsleistungen der Unternehmen im Sinne eines Benchmarkings ermöglicht, keine externe Auditierung fordert und die Nichterreichung von Zielen sanktionslos billigt.

2.2.2 Gemeinwohl-Bilanz

Mit den fünf Wirkungsprinzipien der Gemeinwohl-Ökonomie, die Verfassungswerte, Ganzheitlichkeit, Bewertung, ethische Orientierung und Auditierung beinhalten, erreicht die Berichterstattung über die Gemeinwohl-Bilanz ein aussagefähiges Transparenzniveau zu schädigenden Konsequenzen und positiven Wirkungen wirtschaftlicher Tätigkeit. Aktuelle Studien[10] bescheinigen dem Instrument der Gemeinwohl-Bilanz im Vergleich mit bisherigen CSR-Instrumenten ein höheres Ambitionsniveau, ein Beitragspotential zur Postwachstumsökonomie, eine valide soziale Innovation, einen Institutionalisierungswert.[11] Die externe Auditierung unterstützt die Glaubwürdigkeit des Instruments.

WERT BERÜHRUNGSGRUPPE	MENSCHENWÜRDE	SOLIDARITÄT UND GERECHTIGKEIT	ÖKOLOGISCHE NACHHALTIGKEIT	TRANSPARENZ UND MITENTSCHEIDUNG
A: LIEFERANT*INNEN	A1 Menschenwürde in der Zulieferkette	A2 Solidarität und Gerechtigkeit in der Zulieferkette	A3 Ökologische Nachhaltigkeit in der Zulieferkette	A4 Transparenz und Mitentscheidung in der Zulieferkette
B: EIGENTÜMER*INNEN & FINANZ-PARTNER*INNEN	B1 Ethische Haltung im Umgang mit Geldmitteln	B2 Soziale Haltung im Umgang mit Geldmitteln	B3 Sozial-ökologische Investitionen und Mittelverwendung	B4 Eigentum und Mitentscheidung
C: MITARBEITENDE	C1 Menschenwürde am Arbeitsplatz	C2 Ausgestaltung der Arbeitsverträge	C3 Förderung des ökologischen Verhaltens der Mitarbeitenden	C4 Innerbetriebliche Mitentscheidung und Transparenz
D: KUND*INNEN & MITUNTERNEHMEN	D1 Ethische Kund*innen-beziehungen	D2 Kooperation und Solidarität mit Mitunternehmen	D3 Ökologische Auswirkung durch Nutzung und Entsorgung von Produkten und Dienstleistungen	D4 Kund*innen Mitwirkung und Produkttransparenz
E: GESELLSCHAFTLICHES UMFELD	E1 Sinn und gesellschaftliche Wirkung der Produkte und Dienstleistungen	E2 Beitrag zum Gemeinwesen	E3 Reduktion ökologischer Auswirkungen	E4 Transparenz und gesellschaftliche Mitentscheidung

Abbildung 2: Gemeinwohl-Matrix 5.0[12]

---

10 Vgl. Giesenbauer/Müller-Christ, 2018; Heidbrink et al., 2018; Sanchis, et al., 2018.
11 Vgl. Hofielen, 2019, 27–29.
12 https://web.ecogood.org/media/filer_public_thumbnails/filer_public/fb/42/ fb429fd9-14d8-400e-9dfb-20eaa6d89028/matrix_5_0_bild_kleinpng__857x486_q85_ subsampling-2.png__857x486_q85_crop_subsampling-2_upscale.png (Zugriff 11.4.2024)

Die Gemeinwohl-Ökonomie wird auf wirtschaftlicher Ebene über die Gemeinwohl-Bilanz mit der dazugehörigen Matrix, die eine Mehrung des Gemeinwohls zur Bemessungsgrundlage für unternehmerischen Erfolg macht, wirksam. Sie bildet keine finanziellen Werte ab, sondern qualitative Leistungen zur Zielerreichung. Als Ergänzung zur etablierten Finanzbilanz weisen Unternehmen darüber ihren zusätzlichen Beitrag zum gesellschaftlichen Gemeinwohl aus. Die Wirkung in die Gesellschaft zielt auf eine Bewusstseinsbildung zum erwünschten Beitrag für einen sozial-ökologischen Wandel ab. Gemeinwohl-Bilanz und dazugehöriger Bericht bilden die CSR-Aktivitäten des Unternehmens umfassend und gebündelt nach innen und außen ab, indem sie abweichend vom klassischen Dreiklang »Ökologie, Ökonomie und Soziales« der Nachhaltigkeitsberichterstattung direkt im Kerngeschäft ansetzen.[13]

Eine Bestandsaufnahme anhand objektiv prüfbarer Kriterien macht die tatsächliche Problematik deutlich: Einen »freiwilligen« Nachhaltigkeitsbericht nach DNK-Standard haben für die Branche Gesundheitswesen für die Jahre 2020 und 2021 zwei Kliniken erstellt, für die Branchen Heime (ohne Erholungs- und Ferienheime) und Interessenvertretungen sowie kirchliche und sonstige religiöse Vereinigungen berichteten unter 482 Forprofit-Unternehmen zwei diakonische für das Jahr 2021.[14] Bis März 2023 haben insgesamt 994 deutsche Unternehmen eine Nachhaltigkeitserklärung veröffentlicht, unter ihnen zwei diakonische Träger. In Deutschland gab es bis Ende 2022 fünf, bis 2023 sieben Gemeinwohl-bilanzierte diakonische Sozialunternehmen, denen 781 GW-Bilanzen von Wirtschaftsunternehmen gegenüberstehen[15]. Wenn Diakonie nach ihrem Selbstverständnis gemeinwohlorientiert wirkt und sich als Teil der Transformation positioniert, stellt sich die Frage, weshalb dieser Anspruch nicht in entsprechenden Managementsystemen verankert ist.

3 Managementinstrumente in der diakonischen Unternehmensführung

3.1 Das Konzept der Multirationalität

Diakonie sieht sich von sozialen, organisatorischen sowie konzeptionell-theologischen Veränderungen beeinflusst, die die praktische Arbeit erheblich verändern. Außerdem ist die in die staatlich organisierte, finanzierte und verantwortete Daseinsvorsorge eingebundene verbandlich-professionelle Diakonie gezwungen, auf die Herausforderungen sich verändernder Problemlagen in der Gesellschaft flexibel und zeitnah zu reagieren. Unternehmerische Diakonie stellt eine spezifische Organisationsform diakonischen Hilfehandelns dar, deren Kern das Verhältnis von Theologie und Ökonomie bestimmt. Zugeordnet der Sozialwirtschaft verfolgt die Gütererstellung keinen Selbstzweck, sondern das Ziel der Steigerung und Sicherung der

---

13 Vgl. Baumast/Pape, 2019, 339–347.
14 Vgl. DNK o. J.
15 Vgl. https://germany.ecogood.org/tools/gemeinwohl-berichte/ (Zugriff: 20.1.2023).

sozialen Wohlfahrt. Mit ihrem spezifischen Hilfemotiv, der personalen Begegnung mit dem Menschen als dem Nächsten, grenzen sich diakonische Unternehmen von anderen Unternehmen der Sozialwirtschaft ab. Sie werden dann tätig, wenn Menschen in ihrer Existenz bedroht sind und es einer unternehmerischen Organisation bedarf, um ihre Würde durch konkrete Hilfe und sozialanwaltschaftliches Tätigwerden zu sichern. Ihr Handlungsfeld liegt dabei zwischen Individuum und Gesellschaft sowie zwischen Theologie und Ökonomie, zwischen helfender Zuwendung und professioneller Fachlichkeit. Zur Wahrnehmung ihrer Aufgabe nutzen sie vielfältige Ansätze der klassischen Sozialarbeit, der Betriebswirtschaftslehre und insbesondere der Theologie.[16]

Das Konzept der Multirationalität bildet die Handlungs- und Entscheidungsfähigkeit von Organisationen ab, die in einem heterogenen Umweltkontext wirken. Diese Wirkung steht im Austausch mit gleichzeitig interagierenden Institutionen, Erwartungen und Anforderungen von pluralen Umwelten. Umwelt stellt dabei ein Referenzsystem dar, das in sachlicher, sozialer und zeitlicher Perspektive Relevanz für die Organisation hat, diese in der Art und Weise ihrer Wirklichkeitswahrnehmung und Bildung von Organisationsprinzipien beeinflusst. Rationalität ist in dieser Einbindung die »Handlungs-, Begründungs- und Konstruktionslogik einer Sinngemeinschaft«. Sinngemeinschaften entstehen in sozialen Gruppen mit gemeinsamen Kommunikationsprozessen, die gemeinsame Aufgaben lösen.[17]

Multirationales Management bietet umfassenden Raum, Aspekte des aktuellen gesellschaftlichen Diskurses zu Nachhaltigkeit und CSR in das Management zu implementieren. Bisher finden sich in den Perspektiven diakonischer Unternehmensführung Kriterien der gesellschaftlichen Unternehmensverantwortung im Sinne eines nachhaltigen Wirtschaftens und einer entsprechenden organisationalen Haltung kaum wieder. Erst wenn diese Perspektive interorganisational einen gemeinsamen Standpunkt schafft, der in Folge positiv nach außen strahlt, können diakonische Unternehmen ihre unternehmerische Nachhaltigkeit tatsächlich begründen.

3.2 Theologie prägt Unternehmensidentität

Die diakonische Unternehmung benötigt gleichermaßen eine ökonomische Effizienz- und Effektivitätsanforderung wie eine theologisch-ethische Leitkategorie, um sich zwischen Theologie und Ökonomie zu positionieren[18]. Die Frage nach dem typischen diakonischen Profil stellt sich diakonischen Unternehmen immer wieder. Damit verbunden ist die Sorge, dass die christliche Prägung des Unternehmens verloren geht und eine Entwicklung zu einem konformistisch angepassten Sozialunternehmen einsetzt. Auf der Suche nach diakonischer Identität wurden Fortbil-

---

16 Vgl. Haas, 2023, 44f.
17 Vgl. Schiedler/Rüegg-Stürm, 2013, 33–36.
18 Vgl. Haas, 2023, 44f.

dungsangebote in den Einrichtungen etabliert, die eine neue Bindung der Mitarbeitenden zum Unternehmen schaffen sollen. In der Führung unternehmerischer Diakonie überwiegt häufig die ökonomische Orientierung, da Marktorientierung und Wettbewerb starke Treiber sind. Nur bei einem Viertel aller Einrichtungen bestimmt die Satzung den Vorsitz des Leitungsgremiums durch eine Theologin oder einen Theologen.[19]

Die Säkularisierung der Gesellschaft ist eine weitere Ursache für die Supprimierung christlicher Prägung in konfessionell ausgerichteten Unternehmen. Nutzergruppen fragen entsprechende Angebote weniger nach, bei Führungskräften und Mitarbeitenden nimmt die christliche Prägung ab. Die christliche Prägung ist weder ein Traditions- noch ein Marketinginstrument, sondern eine Vergewisserung des Ziels der diakonischen Arbeit und dient damit der Steuerung und Führung diakonischer Unternehmen. In der wiederkehrenden Bewusstmachung der Grundlage diakonischen Handelns kann das Unternehmen einen Zusammenhang zwischen notwendigem Hilfeauftrag und theologischer Verwurzelung herstellen. Diakonisches Handeln ist keine wirtschaftliche Dienstleistung, sondern biblisch fundierter Auftrag. Inhaltlich schließt der soziale Dienst der Christen an die Botschaft Jesu von der Gerechtigkeit und Liebe Gottes an. Jesus Christus wandte sich dem Leid der Menschen zu und ließ sich in Mitleidenschaft ziehen. Besonders im Gleichnis vom Barmherzigen Samariter (Lk 10,25ff) verliert das Mitleid seine Passivität und erhält eine aktive Wendung, die den leidenden Mitmenschen ohne persönliche oder gesellschaftliche Zuschreibungen ins Zentrum stellt.[20]

Die christlichen Grundlagen müssen über eine allgemein verständliche Kommunikation, über äquivalente säkulare Begriffe in einen Austausch mit anderen weltanschaulichen Grundverständnissen gebracht werden. Darüber können diakonische Unternehmen Menschen, denen christliche Tradition fremd ist, einen Zugang eröffnen. Überschneidungen in Werthaltungen sowie geteilte Überzeugungen mit anderen Akteuren wie Mitarbeitenden, Angebotsnutzenden und externen Berührungsgruppen schaffen gemeinsame Beziehung und Kooperationsmöglichkeiten. Die klare theologische Profilierung diakonischer Dienste kann gesellschaftliche Diskurse mit ihrem Wertekontext bereichern.[21] Vom gemeinsamen Konsens einer organisationsspezifischen Beziehungs- und Kommunikationsarchitektur geht eine hohe integrative und bindende Wirkung aus.[22]

Die Verunsicherung vieler Menschen durch Klimawandel, Krieg, Migration und damit verbundene Ängste aufgreifend und in die lebensbejahende Zukunftshoffnung des christlichen Glaubens stellend kann Diakonie ihre Zuwendung zum Nächsten auch in diesen Lebensfragen wirksam werden lassen. Eine Mitgestaltung in diesem Diskurs kann hilfreiche Ankerpunkte setzen.

---

19 Vgl. Hofmann, 2017, 153–155.
20 Vgl. Krolzik, 2017, 99.
21 Vgl. Eurich, 2018, 118.
22 Vgl. Höver, 2017, 92 f.

3.3 Theologie als Sinnstiftung ökologischen Handelns

Der Mensch ist Leib und Seele. Beide Aspekte stehen in Korrelation mit sozialer und ökologischer Perspektive. Diakonisches Handeln ist getragen von der Einsicht, »dass der Mensch sein Menschsein nicht für sich allein verwirklichen kann, sondern nur im Gegenüber zum Mitmenschen«. Daran muss die Einsicht anschließen, »dass der Mensch sein Leben nur mit der ihn umgebenden Natur und nicht auf deren Kosten leben kann«.[23] Damit hat Diakonie das Mandat, neben dem personenbezogenen Dienst am Menschen auch die wechselseitigen Abhängigkeiten von Mensch, Mitmensch und Mitwelt in ihr Wirken einzubinden.

Das kennzeichnende Mitleiden von Diakonie bezieht sich auf die leidenden Menschen. Der schöpfungstheologische Auftrag zur Bewahrung der Schöpfung ließe es zu, das Mitleiden auf die ganze Schöpfungsgemeinschaft auszuweiten und an den ökologischen Aspekt anzuschließen. Diese Form der christlichen Verantwortung wurde als Instrument der Unternehmensführung bisher nicht argumentiert, obwohl den diakonischen Unternehmen die Bearbeitung sozialer und gesellschaftlicher Problemlagen zugeschrieben werden.[24]

Die Einordnung dieser Rationalität ins diakonische Management bedarf neben dem diakonisch routinierten Dienstverständnis als Helferin auch einer positionierenden Kommunikation der Verantwortungsübernahme in einer Schöpfungsgemeinschaft. Die Gestaltung dieser Ausdrucksfähigkeit als theologische Verkündigung und partizipative Mitwirkung der Mitarbeitenden und Hilfempfangenden sind Chance und Verantwortung zugleich. Die Zukunftsfähigkeit diakonischer Unternehmen wird von ihrer Fähigkeit abhängen, unterschiedliche Rationalitäten und Sinngemeinschaften innerhalb und außerhalb ihrer Organisation in Innovationsprozesse, insbesondere den der Haltung zu einer alle Lebewesen verbindenden Schöpfungsgemeinschaft, zu integrieren.

Sinnstiftendes ökologisches Handeln in den Kontext der theologischen Unternehmensführung zu stellen, birgt die Chance, dem Unternehmen verbundene, christlich und nicht christlich orientierte Menschen für das gemeinsame Unternehmensziel der förderlichen Gestaltung der Schöpfungsgemeinschaft zu gewinnen. Der soziale und ökologische Handlungsrahmen schafft sowohl einen weltlichen als auch einen christlichen Zugang zu diesem gesellschafts- und zukunftsbestimmenden Auftrag.

---

23 Turre, 1991, 164–166.
24 Vgl. Schöttler, 2017, 319.

4 Werte und Ziele von Diakonie und Gemeinwohl

4.1 Kohärenz der Werte

Menschenwürde, Solidarität und Gerechtigkeit, ökologische Nachhaltigkeit sowie Transparenz und demokratische Mitentscheidung bilden die Grundwerte des Gemeinwohls. Die GWÖ unterstützt Einzelpersonen, Unternehmen, Gemeinden und Organisationen dabei, zu einer nachhaltigen Entwicklung beizutragen und die Bedürfnisse der Gegenwart zu befriedigen, ohne die Möglichkeiten künftiger Generationen zu gefährden, ein gutes Leben zu führen.[25] Über die evangelische Theologie ist die Vermittlung *ökologischer Nachhaltigkeit* in vielfältigen Aspekten möglich. Die christliche Religion eröffnet ein breites Spektrum von Argumenten, eigene Motivation zu einem nachhaltigen, lebensbejahenden und gottgefälligen Handeln zu reflektieren und Inspiration für eine Änderung erlernten Verhaltens aufzunehmen. Die Ausarbeitung einer evangelischen Theologie der Nachhaltigkeit steht noch aus. Über die klare Verkündigung des Evangeliums kann in Diakonie und Gesellschaft eine Kultur der Nachhaltigkeit vermittelt und begründet werden.

Für das Gemeinwohl bedeutet *Transparenz* die Offenlegung sämtlicher Informationen, die für alle Teilnehmenden am Entscheidungsprozess relevant sind. *Mitbestimmung* fördert die Beteiligung aller Interessengruppen, die Mitarbeiterinnen und Mitarbeiter, Lieferantinnen und Lieferanten sowie Geschäftspartnerinnen und Geschäftspartner einschließt. Sie können sich auf verschiedenen Ebenen einbringen, vom Vetorecht bis zur kollektiven und einvernehmlichen Entscheidungsfindung.[26] In der Diakonie ist Mitbestimmung über die Beteiligung der Mitarbeitervertretung an Unternehmensentscheidungen rechtlich verankert. Sie vertritt die Interessen der Mitarbeiterinnen und Mitarbeiter gegenüber der Unternehmensführung und muss in Veränderungsprozesse einbezogen werden. Das bedarf einer transparenten Unternehmenskommunikation von der Geschäftsführung in die Mitarbeitervertretung und damit zu den Mitarbeiterinnen und Mitarbeitern. Eine partizipative Einbindung aller Interessengruppen in Entscheidungsprozesse ist dabei nicht vorgesehen.

4.2 Divergenz der Ziele

Gemeinwohl-Ökonomie ist ein Wirtschaftsmodell, das auf eine ethische Wirtschaftskultur zielt. Sie will als nachhaltiges Wirtschaftssystem eine Alternative zum kapitalistischen sein und dessen Auswirkungen auf Ressourcenknappheit, Klimakrise, Verlust der Artenvielfalt und Verteilungsungerechtigkeit beseitigen.[27] Getragen ist sie von der Vision des Zusammenlebens einer Gemeinwohl-Gesellschaft in einer

---

25 Vgl. https://germany.ecogood.org/vision/werte/ (Zugriff: 14.6.2023).
26 Vgl. ebd.
27 Vgl. https://germany.ecogood.org/ (Zugriff: 15.7.2023).

Kultur des guten Lebens in einer friedlichen und nachhaltigen Zivilisation. Wirtschaft soll im Einklang mit ethischen Werten nicht mehr der Geldvermehrung und dem Wachstumszwang, sondern dem Gemeinwohl dienen. Der Paradigmenwechsel von der Konkurrenz zur Kooperation folgt der Vorstellung, dass Unternehmen miteinander agieren und ein rechtlicher Anreizrahmen Konkurrenz bremst. Zentrales Werkzeug für die Messung der Zielerreichung ist die Gemeinwohl-Bilanz.[28]

Nicht gewinnorientiert ausgerichtet sind Diakonische Unternehmen einer hohen Pfadabhängigkeit ausgesetzt und bieten vorwiegend Dienste an, die sozialrechtlich refinanziert werden. Personenbezogene soziale Dienstleistungen, konzipiert aus den Bedürfnissen der Nutzerinnen und Nutzer, entsprechen dem Menschenbild der Diakonie und kennzeichnen das Design ihrer Dienstleistungen. Die Struktur der wohlfahrtsstaatlichen Leistungen bedarf einer Ergänzung um ein sozialraumbezogenes Leistungsrecht, das den Rechtsanspruch der Leistungsempfänger, die Bewilligungspraxis und das Angebot der sozialen Dienstleister aufeinander abstimmt.

Diakonische Unternehmen sind dabei aufgefordert, von einer Konkurrenz- auf eine Kooperationslogik umzustellen[29]. Die Kooperation mit Akteuren außerhalb des diakonischen Umfeldes ist ein Ansatz, wirksamer im Gemeinwohl zu werden. Das Einbringen eigens diakonischer Werte in die Gesellschaft kann gelingen, wenn sich Diakonie und Kirche am gesamtgesellschaftlichen Diskurs beteiligen und einen Prozess beginnen, »der von der ›Kirche *für* andere‹ zu der ›Kirche *mit* anderen‹ führt«[30]. Mit der Entwicklung eines diakonischen Profils, das Modernität und christliche Identität verbindet und sich der Zivilgesellschaft öffnet, wird Gemeinwohl befördert. Wirksamkeit der Diakonie findet im Gemeinwesen, jedoch nicht unter dem Aspekt des Gemeinwohls statt.

5 Gemeinwohl-Bilanz in der Praxisanwendung

Um Chancen und Limitationen einer Gemeinwohl-Bilanz als Managementinstrument für diakonische Unternehmen zu erheben, wurden die fünf in Deutschland bis 2022 Gemeinwohl-bilanzierten Diakonieunternehmen zu ihren Praxiserfahrungen in der Nutzung dieses Managementinstruments befragt. Vier Unternehmen nahmen an der Erhebung teil.

5.1 Bewertungen aus der Praxis

Alle befragten Unternehmen haben sich freiwillig, ohne gesetzliche Anforderung, für die Anwendung eines Nachhaltigkeitsmanagementsystems entschieden. Drei Unternehmen erachteten dies als wichtige Notwendigkeit in der Nachhaltigkeitsbe-

---

28 Vgl. Felber, 2018, 27–59.
29 Vgl. Eurich, 2018, 129–134.
30 Bedford-Strohm, 2008, 29.

richterstattung. In ihrer Berichterstattung geht es den Unternehmen nicht um eine ausschließlich finanzielle Kennzahlenpräsentation, sondern darüber hinaus um eine qualitative Darstellung ihrer Nachhaltigkeitsleistung. Diese soll die christliche Ethik ihres diakonischen Auftrages, die Glaubwürdigkeit ihres Handelns, die Kongruenz zu ihrem Leitbild spiegeln und sich einer externen kritischen Reflexion stellen. Mit der Gemeinwohl-Bilanz sahen die vier Unternehmen diese Anforderungen am wahrscheinlichsten erfüllt. Für zwei Unternehmen war die Ausrichtung auf das Gemeinwohl von zentraler Bedeutung, da sie selbst gemeinnützig tätig sind und im Gemeinwohlbezug eine bessere öffentliche Wahrnehmung erwarten. Als weitere Besonderheiten zu anderen Berichtssystemen wurden der gut strukturierte ganzheitliche Ansatz, die externe Reflexion und die Befähigung zum Denken über Finanzziele hinaus herausgehoben.

Die Beschreibung der Auswirkung einer Gemeinwohlbilanz-Erstellung auf in unterschiedlicher Weise mit dem jeweiligen Unternehmen verbundene Berührungsgruppen fiel den Interviewpartnerinnen bzw. -partnern schwer, da diese in hohem Grade von subjektiven Eindrücken geprägt sind. Eine relevante Erhebung zur Wirkungsmessung hat bis zur Befragung kein Unternehmen angestrengt. Aussagen zu einer veränderten Identifikation der Berührungsgruppen wurden nur für die Gruppen *Mitarbeiter*, *Spender* und *andere* getroffen. In den Unterkategorien *Klienten*, *Angehörige* und *externe Partner* sind keine Auswirkungen beschrieben worden.

Für die *Mitarbeiterinnen und Mitarbeiter* werden jeweils unterschiedliche Effekte benannt. Ihre in der Diakonie Düsseldorf e. V. breit angelegte Beteiligung im Prozess der Bilanzerstellung wird mit einem großen Interesse bei den Mitarbeitenden und einer Stärkung der Attraktivität als Arbeitgeber wahrgenommen. Eine hohe Affinität der ersten und zweiten Führungsebene für die Prinzipien der GWÖ und eine Beteiligung der Mitarbeitenden an Unternehmensentscheidungen beschreibt die Diakonie Herzogsägmühle. In der Johannesstiftdiakonie wird in Zusammenhang mit der Bilanzierung ein Engagement der Mitarbeiter:innen für Nachhaltigkeitsthemen und eine erhöhte Erwartungshaltung gegenüber der Leitung hinsichtlich deren nachhaltigem Agieren und Vorleben beschrieben.

Aus Gruppe der *Spenderinnen und Spender* wird eine lobende Reaktion auf die Bilanzierung erwähnt. Dabei wird die Möglichkeit zur Einflussnahme wahrgenommen, um eine konsequente Haltung des Unternehmens hinsichtlich der Wahl des Finanzinstitutes für das Spendenkonto anzumahnen. Geschlossener bewerten drei der Interviewpartner:innen die Reaktionen *anderer kooperierender Unternehmen* des sozialen Bereiches, von Forschungseinrichtungen und Medien. Sie benennen Wertschätzung und Interesse am Erfahrungsaustausch als Wirkung. Zwei Unternehmen sehen eine Steigerung ihrer Bekanntheit in Sozialmarkt und Öffentlichkeit.

Die Auswirkungen einer Gemeinwohl-Bilanz auf das *Management* der Unternehmen wird eindeutiger zugeschrieben. Drei der Unternehmen sehen ihre Organisationsstrategie, Führungsprinzipien und Investitionsentscheidungen unter dem Fokus ökologischer Nachhaltigkeit beeinflusst. Ein Unternehmen integriert »Nachhaltigkeit und Mehrung des Gemeinwohls« in seine langfristige Unternehmensvision.

Eine Stärkung der Beteiligungskultur nehmen drei Unternehmen wahr. Diese bezieht sich auf die Partizipation der Mitarbeitenden. Ein Unternehmen schließt die Hilfeberechtigten ein. Zwei Interviewpartnerinnen bzw. -partner heben die Eigeninitiative der Mitarbeitenden als Wirkung auf die Unternehmenskultur heraus. Den christlichen Auftrag, sich der besonderen Verantwortung für alle Menschen und die Umwelt zu stellen, konstatiert ein Unternehmen.

In der *Unternehmensentwicklung* orientieren sich alle vier Unternehmen auf eine ökologisch nachhaltige Ausrichtung. Dabei beschreiben zwei die Orientierung ihrer Unternehmensziele an der Gemeinwohl-Bilanz, indem Umsetzungsschwerpunkte benannt und entsprechende Maßnahmen ergriffen werden. Ein Unternehmen beobachtet durch die Bilanzierung eine Stärkung der Transparenz der Kennzahlen. Die Festlegung von Kennzahlen und deren Kommunikation sind in allen Unternehmen Instrumente der *Wirkungsmessung.*

Eine Wirkung der Bilanzierung auf die *Gewinnung* Mitarbeitender wird von allen Unternehmen erwartet, jedoch nicht gemessen. Sie wird als Qualitätsmerkmal des Diakonieunternehmens gewertet, das vor allem für potentielle Mitarbeiterinnen und Mitarbeiter der jüngeren Generationen Y und Z Anreize für eine Mitarbeit setzen könnte. Ein Unternehmen bezeichnet die fehlende Kommunikation zur Gemeinwohl-Bilanz als erkannte Schwachstelle im Recruiting. Zwei Interviewpartnerinnen bzw. -partner berichten von einer interessierten Rezeption der Gemeinwohlorientierten Unternehmensausrichtung durch Bewerber.

5.2 Aufwand versus Mehrwert einer Gemeinwohl-Bilanz

Alle vier befragten Unternehmen bestätigen einen hohen Arbeitsaufwand in der ersten Bilanzerstellung. Dieser ergibt sich aus Organisation und Einübung eines partizipativen Prozesses und der umfänglichen Datenerhebung. Prozess und Datenerhebung werden als Grundlage für die dann weniger aufwendige Folgebilanzierung erwartet. Ein Unternehmen wertet den Prozess der Berichterstellung als außerordentlich wertvoll für Unternehmensentwicklung und -kultur.

Der *zeitliche* Umfang der Bilanzerstellung wird je nach Ressource des Unternehmens zwischen 280 und 1500 Stunden angegeben. *Organisatorisch* ist er entweder an eine für Nachhaltigkeit verantwortliche Stelle oder die Führungsebene angegliedert. Mit Kosten zwischen 8.000 € und 20.000 € differieren die Angaben, da sie unterschiedliche Aufwendungen wie Erstberatung, Spesen oder Workshops berücksichtigen.

Den *Mehrwert* der Gemeinwohl-Bilanz erkennen drei Unternehmen in einer zukunftsorientierten Aufstellung für weitere Berichtsanforderungen und ihrer Positionierung über ein Alleinstellungsmerkmal als Pionierunternehmen, sowie in einer Vorbildrolle. Eine hohe Reputation wird neben Risikokenntnis von zwei Unternehmen als Gewinn erachtet. Die partizipative Beteiligung der Mitarbeiterinnen und Mitarbeiter wird als gemeinsamer Lernprozess für nachhaltiges Denken und Handeln gesehen.

5.3 Anregungen zur Spezifizierung aus den Diakonieunternehmen

Alle vier Interviewpartner:innen bewerten die auf Forprofit-Unternehmen ausgerichtete Handbuch-Führung der Gemeinwohl-Bilanz als limitierend. Einigen Themenfeldern und Indikatoren fehlt die branchenspezifische Ausrichtung auf Gegebenheiten und Anforderungen in Nonprofit-Unternehmen. Das ermöglicht gemeinnützigen Unternehmen keine zureichende Beantwortungskompetenz aller Abfragen. In der Folge fehlen bei einigen Fragethemen die Bewertungen, was sich auf eine insgesamt geringere Punktezahl in der Bilanz auswirkt. Gezieltere Fragestellungen entlang der Branchenspezifik sollten das Instrument schärfen. Eine Überarbeitung der Fragestellungen würde die Anwendungsfreundlichkeit und den Nutzen für Nonprofit-Unternehmen erhöhen.

Eigene Gedanken und Anregungen der Interviewpartnerinnen – bzw. partner schließen die Befragung ab. Die Gemeinwohl-Bilanz wird insgesamt als sehr hilfreich empfunden, diakonische Unternehmen strukturiert und extern reflektiert zu mehr Nachhaltigkeit zu entwickeln. Dabei wäre die Integration aller jeweils aktuell geforderten Berichtspflichten wünschenswert, um sämtliche Anforderungen in einem Berichtssystem abbilden zu können.

In der Gemeinwohl-Bilanz stehen christliche Werte und unternehmerisches Handeln gleichbedeutend nebeneinander. Darüber können sich Führungskräfte mit dem Auftrag des Arbeitgebers identifizieren. Die breitere Anwendung der Gemeinwohl-Bilanz durch diakonische respektive caritative Unternehmen könnte die Glaubwürdigkeit von Diakonie in der Gesellschaft stärken.

Für die praktische Umsetzung der Berichterstattung in den Unternehmen wäre eine rotierende Federführung unter den Führungskräften denkbar, um alle gleichermaßen in den Prozess einzubeziehen. Eine Selbstbewertung könnte in Kooperation mit anderen bilanzierten Trägern gute Impulse setzen und den Prozess bereichern.

5.4 Chancen und Grenzen einer Gemeinwohl-Bilanz in diakonischen Unternehmen

5.4.1 Gemeinwohl-Bilanz als Instrument der Nachhaltigkeitsberichterstattung

Die CSR-Berichtspflicht nach der Corporate Sustainability Reporting Directive (CSRD) gilt verpflichtend ab 2025 auch für die meisten diakonischen Unternehmen. Glaubwürdigkeit und initiatives Handeln von transformativ wirkenden Unternehmen unterliegen dem Anspruch einer freiwilligen und über die Anforderungen der nichtfinanziellen Berichterstattung hinausgehenden Kommunikation. Die Nachhaltigkeitsberichterstattung nach dem DNK bewirkt keine auf ihr resultierende, maßgebliche Veränderung in der Nachhaltigkeitsleistung von Unternehmen, weil die Nachhaltigkeitsleistung nicht in einem definierten Bewertungsrahmen dargestellt und extern auditiert wird, eine vollständige Abbildung der Ressourcenbeanspruchung nicht verpflichtend ist und durch die Darstellung ein Benchmarking zwischen branchengleichen Unternehmen erschwert wird oder durch die jeweils gewählten Betrachtungsschwerpunkte nicht durchführbar ist. Die sanktionslose Billigung der Nichterreichung von Zielen motiviert Unternehmen nicht zu einer entscheidenden Verhaltensänderung.

Die befragten Gemeinwohl-bilanzierten Diakonieunternehmen haben sich als Pioniere der Transformation für den Weg der freiwilligen Berichterstattung entschieden, die ein aussagefähiges Transparenzniveau zu schädigenden Konsequenzen und positiven Wirkungen ihrer wirtschaftlichen Tätigkeit unter Bewertung einer externen Auditierung vornimmt. Ihr Anspruch ist es, sich über die Gemeinwohl-Bilanz der Bewertung der christlichen Ethik ihres diakonischen Auftrages, der Glaubwürdigkeit ihres Handelns und ihres Leitbildes einer externen kritischen Reflexion zu stellen. Mit dem Gemeinwohl-Bezug verbinden sie eine für ihr Anliegen förderliche öffentliche Wahrnehmung.

Die Gemeinwohl-Bilanz hat das Potential, tatsächliche Nachhaltigkeitsanstrengungen im diakonischen Unternehmenskontext zu katalysieren. Ihr Anspruch einer partizipativen Einbindung aller Berührungsgruppen befördert den Transformationsprozess im Unternehmen. Die externe Evaluierung des nichtfinanziellen Unternehmensberichts über ein Zertifikat erhöht die Glaubwürdigkeit der Aussagen und damit die Reputation des Unternehmens in der öffentlichen Wahrnehmung.

Über die Grundwerte des Gemeinwohls lassen sich diakonische Unternehmenswerte in einen pluralen Bezugsrahmen setzen und in einem unternehmensspezifischen Zielbild neu verorten. Damit verbunden ist die plausible Bezugnahme auf die Notwendigkeit eines ökologisch nachhaltigen Unternehmenskonzepts im biblischen Kontext gegenüber internen und externen Akteuren.

Die Praxiserfahrung Gemeinwohl-bilanzierter Unternehmen zeigt, dass Mitarbeiterinnen und Mitarbeiter an Vorgesetzten die Erwartungshaltung nachhaltigen Handelns und Vorlebens festmachen. Sie verbinden mit dem Gemeinwohl-Zertifikat in der Diakonie eine entsprechende inhaltliche Substanz. Zukünftige Mitarbeiterinnen bzw. Mitarbeiter bewerten das Zertifikat als Qualitätsversprechen, das ihre eigene Haltung bestärkt und für sie zu einem Auswahlkriterium für ihre mögliche Verpflichtung im daraufhin ausgewählten Unternehmen wird.

5.4.2 Limitationen einer Gemeinwohl-Bilanz im diakonischen Unternehmensmanagement

In der Anwendung der Gemeinwohl-Bilanz werden von den interviewten Diakonieunternehmen Bewertungsprobleme bemängelt, die auf eine fehlende Branchenspezifik zurückzuführen sind. Im Folgenden werden die unzutreffenden Fragestellungen aus dem Arbeitsbuch zur Gemeinwohl-Bilanz 5.0 benannt und begründet[31]:

---

31 Vgl. ECOGOOD (2017), Arbeitsbuch zur Gemeinwohl-Bilanz 5.0.

Für diakonische Unternehmen können in der Berührungsgruppen-Kategorie Eigentümer und Finanzpartner die drei Aspekte soziale Haltung im Umgang mit Geldmitteln, sozialökologische Investitionen und Mittelverwendung sowie Mitentscheidung und Transparenz nur ansatzweise bearbeitet werden, da die Berichtsfragen der Unternehmensrealität gemeinnütziger Diakonieunternehmen nicht entsprechen. Mittelüberschüsse und Gewinnausschüttungen treffen auf Non-profit-Unternehmen nicht zu. Die ökologische Qualität von Investitionen können Diakonieunternehmen nicht beeinflussen, da der Staat über Investitionen entscheidet. Eine Gemeinwohlorientierte Eigentumsstruktur entspricht ebenfalls nicht der Organisationsstruktur von Non-Profit-Organisationen (NPO) bzw. Diakonie. In der Berührungsgruppe Mitarbeiter kann den Gemeinwohl-Annahmen zur Ausgestaltung der Arbeitsverträge nicht entsprochen werden, da ein Tarifvertrag den Rahmen, die Ausgestaltung des Verdienstes und der Arbeitszeit vorgibt. Auch der Aspekt des Arbeitsverhältnisses und der Work-Live-Balance durch flexible Arbeitszeitmodelle ist über den vorgegebenen Betreuungsauftrag nur defizitär abbildbar. Die Möglichkeiten der Mitentscheidung geben die Arbeitsvertragsrichtlinien vor. NPOs können somit fünf von zwanzig Aspekten der Matrix nur unzulänglich oder gar nicht beantworten. Die infolgedessen geschmälerte Bilanzsumme spiegelt nicht die tatsächliche Nachhaltigkeitsleistung der Non-profit-Unternehmen im Vergleich zu Wirtschaftsunternehmen.

Eine Anpassung der auf Wirtschaftsunternehmen orientierten Gemeinwohl-Bilanz bezüglich der Spezifik von Nonprofit-Organisationen würde zur inhaltlichen Schärfung der Bewertung der zwanzig Matrixaspekte beitragen und ein Benchmarking zwischen Nonprofit- und Forprofit-Unternehmen ermöglichen. Eine vergleichbare und präzise Bewertungsmatrix für NPOs zu entwickeln, gilt als Empfehlung für eine weitergehende Forschung über diese Arbeit hinaus.

Weitere Grenzen der Gemeinwohl-Bilanz werden im Folgenden identifiziert: Für die Anwendung der Gemeinwohl-Bilanz als Berichtsinstrument fehlt eine justiziable Rahmensetzung. Als frei wählbares Managementinstrument steht sie neben den Berichtspflichten zu Nachhaltigkeitsbericht, EU-Taxonomie und Berichterstattung zum Nationalen Aktionsplan Wirtschaft und Menschenrechte (zukünftig Lieferkettensorgfaltspflichtengesetz). Idealerweise sollte die Gemeinwohl-Bilanz als eigenständiger Nachhaltigkeitsbericht dienen. Sinnvoll und komfortabel für die Anwender:innen wäre eine Verknüpfung der Bilanz mit den benannten Berichtspflichten sowie eine Akzeptanz durch die Wirtschaftsprüfung als Nachhaltigkeitsbericht innerhalb des Jahresberichts. Die Berücksichtigung der Wesentlichkeit ist in der Gemeinwohl-Bilanz infolge ihres holistischen Ansatzes nicht verankert. Auch der Comply-or-explain-Ansatz des DNK wird nicht berücksichtigt. Eine Weiterentwicklung der Gemeinwohl-Bilanz könnte die Anwendungsbereitschaft durch Unternehmen erhöhen.

Der organisatorische und finanzielle Aufwand einer Bilanzerstellung stellt für die Anwender:innen einen erheblichen Aufwand dar, der jedoch von dem für die Unternehmenskultur wertvollen Entwicklungsprozess aufgewogen wird. Die von Mitarbeitenden mitgestalteten und vorangetriebenen Unternehmensziele tragen zu einem gemeinsamen Erfolg zugunsten des Unternehmens und letztlich des Gemeinwohls bei.

6 Thesen für eine Diakonie als sozioökologische Akteurin einer klimafreundlichen Gesellschaft

6.1 Glaubwürdigkeit und gesellschaftliche Verantwortungsübernahme

- Indem Diakonieunternehmen über Transparenz und Werthaltung ihren organisationalen Beitrag zur nachhaltigen Entwicklung frei von gesetzlichen Anforderungen kommunizieren, wirken sie glaubwürdig und übernehmen gesellschaftliche Verantwortung.
- Die Authentizität dieser Kommunikation steigt, wenn die CSR-Aktivitäten des diakonischen Unternehmens umfassend und im Kerngeschäft ansetzend über ein Instrument mit höchstem Transparenzanspruch berichtet werden.
- Diakonieunternehmen haben mit ihrem Unternehmensziel das Potential für eine wirkliche unternehmerische Nachhaltigkeit der Stufe 3.0.

6.2 Theologie als Sinnstiftung sozioökologischen Handelns

- In eine Schöpfungsgemeinschaft gestellt fällt Diakonie das Mandat zu, neben dem personenbezogenen Dienst am Menschen auch die wechselseitigen Abhängigkeiten von Mensch, Mitmensch und Mitwelt in ihr Wirken zu integrieren.
- Verkündigung und Plausibilisierung der christlichen Botschaft ermöglichen Diakonie, ihr aller Kreatur geltendes Hilfehandeln zu begründen und in der pluralen Welt zu konsensualisieren.
- Mit der Ausweitung ihres helfenden Handelns in der tätigen Nächstenliebe vom einzelnen Menschen auf alles Leben der Mitschöpfung stärkt Diakonie das Gemeinwohl.
- Das christliche Narrativ der lebensbejahenden Hoffnung fördert die Resilienz der Menschen und motiviert zum zukunftsgerichteten Handeln.
- Eine klare theologische Profilierung diakonischer Dienste bereichert den gesellschaftlichen Diskurs.
- Ein theologisch begründeter sozioökologischer Handlungsrahmen schafft sowohl einen weltlichen als auch einen christlichen Zugang zur Gestaltung einer klimafreundlichen Gesellschaft. Eingebunden in die Unternehmensstrategie strahlt er auf die persönliche Bindung aller Akteure zum Unternehmen aus.
- Theologie prägt dann diakonische Unternehmenskultur, wenn sie den praxistheoretischen Ansatz begründet, Akteure, Nutzerinnen und Nutzer sowie Mitarbeiterinnen und Mitarbeiter in einem ethischen Diskurs und einem konsensualen Zielbild zu vereinen.

6.3 Commitment für das Gemeinwohl

- Indem sich Diakonie der verbindlichen Mitgestaltung des Gemeinwohls öffnet, ermöglicht sie neue Anknüpfungen an die plurale Gesellschaft.
- Mit dem Perspektivwechsel von der staatlich refinanzierten Leistungserbringung hin zu relevanten Bedarfen der Gesellschaft und Ermöglichungsfenstern aus dem diakonischen Auftrag heraus, kann Diakonie einen gesellschaftlichen Nutzen bewirken, der über die bisherige Rahmensetzung ihrer ökonomischen, ökologischen und sozialen Anliegen hinausgeht.
- Über das Gemeinwohl kann Diakonie allen Anspruchsgruppen Partizipation am Prozess der Großen Transformation ermöglichen und ein inklusives, gesellschaftlich konzeptualisiertes Wirkungsfeld eröffnen.
- Kooperationen zwischen Kirche, Diakonie und zivilgesellschaftlichen Akteuren können eine förderliche Lebensgestaltung im Quartier und im gesamtgesellschaftlichen Kontext zugunsten des Gemeinwohls bewirken.
- Ein Commitment für das Gemeinwohl führt die Diakonie als Akteurin der Großen Transformation in die anzustrebende wirkliche Unternehmerische Nachhaltigkeit 3.0.

Literaturverzeichnis

Baumast, Annett/Pape, Jens (2019), Theoretische Grundlagen zur Gemeinwohl-Ökonomie und Gemeinwohl-Bilanz, in: Baumast, Annett/Pape, Jens/Weihofen, Simon/Wellge, Steffen (Hg.), Betriebliche Nachhaltigkeitsleistung messen und steuern. Grundlagen und Praxisbeispiele, Stuttgart: Verlag Eugen Ulmer, 339–348.

Baumast, Annett/Pape, Jens (Hg.) (2022), Betriebliches Nachhaltigkeitsmanagement. 2. vollständig überarbeitete und erweiterte Auflage, Stuttgart: Verlag Eugen Ulmer.

Baur, Nina/Blasius, Jörg (2014), Methoden der empirischen Sozialforschung. Ein Überblick, in: Baur, Nina/Blasius, Jörg (Hg.), Handbuch Methoden der empirischen Sozialforschung, Wiesbaden: Springer, 1–28.

Bedford-Strohm, Heinrich (2008), Diakonie in der Perspektive »öffentlicher Diakonie«, in: Jahrbuch Sozialer Protestantismus 2: Von der Barmherzigkeit zum sozialen Markt. Zur Ökonomisierung der sozialdiakonischen Dienste, 19–32.

Diakonie Deutschland, Diakonischer Corporate Governance Kodex (2019), Berlin: Diakonie Deutschland, Evangelisches Werk für Diakonie und Entwicklung e. V., online: https://www.diakonie.de/fileadmin/user_upload/Diakonie/PDFs/Ueber_Uns_PDF/04_2019_Diakonischer_Corporate_Governance_Kodex.pdf, (Zugriff: 3.3.2023).

DNK (2022), Leitfaden für die Freie Wohlfahrtspflege, Osnabrück: CSR-Kompetenzzentrum im Deutschen Caritasverband, online: https://www.deutscher-nachhaltigkeitskodex.de/de-DE/Documents/PDFs/Leitfaden/DNK-Branchenleitfaden-fur-die-Freie-Wohlfahrt.aspx (Zugriff: 3.3.2023).

DNK (o.J.), Der Deutsche Nachhaltigkeitskodex. Datenbank. Potsdam: Rat für nachhaltige Entwicklung, online: https://www.deutscher-nachhaltigkeitskodex.de/de-DE/Home/Database (Zugriff: 3.3.2023).

Dyllick, Thomas (2015), Die Suche nach echter Nachhaltigkeit, Neue Zürcher Zeitung, online: https://www.nzz.ch/wirtschaft/wirtschaftspolitik/die-suche-nach-echter-nachhaltigkeit-ld.1083000 (Zugriff: 3.3.2023).

ECOGOOD (2017), Arbeitsbuch zur Gemeinwohl-Bilanz 5.0, online: https://audit.ecogood.org/wp-content/uploads/sites/38/2020/03/gwoe_arbeitsbuch_5_0_vollbilanz-1.pdf (Zugriff: 10.4.2024).

Eurich, Johannes (2018), Zuordnungsfragen und Praxisrelationen in der Diakoniewissenschaft. Aktuelle Entwicklungen und Spannungsfelder in der Diakoniewissenschaft, in: Mutschler, Bernhard/Hörnig, Thomas (Hg.), Was ist Diakoniewissenschaft? Wahrnehmungen zwischen Dienst, Dialog und Diversität, Leipzig: Evangelische Verlagsanstalt, 113–138.

Felber, Christian (2018), Die Gemeinwohlökonomie. Komplett aktualisierte und erweiterte Taschenbuchausgabe, 6. Auflage 2021, München: Piper.

Giesenbauer, Bror/ Müller-Christ, Georg (2018), Die Sustainable Development Goals für und durch KMU. Ein Leitfaden für kleine und mittlere Unternehmen, Bremen: Universität Bremen.

Haas, Simon (2023), Mulirationales Management. Diakonische Unternehmen in pluralen Umwelten gestalten (Veröffentlichungen des Diakoniewissenschaftlichen Instituts an der Universität Heidelberg 67), Leipzig: Evangelische Verlagsanstalt.

Heidbrink, Ludger et al. (2018), Schlussbericht für das Verbundprojekt Gemeinwohl-Ökonomie im Vergleich unternehmerischer Nachhaltigkeitsstrategien (GIVUN), Flensburg: Europa-Universität Flensburg.

Hofielen, Gerd (2019), Nachhaltigkeitsberichte mit Biss. Zum Potential von Gemeinwohlbilanzen, in Ökologisches Wirtschaften, Heft 2/2019.

Hofmann, Beate (2017): Diakonisch Kirche sein im Resonanzraum des Evangeliums – Überlegungen zur »Kirchlichkeit« der Diakonie aus systemischer, ekklesiologischer und juristischer Perspektive, in: Hofmann, Beate/Büscher, Martin (Hg.), Diakonische Unternehmen multirational führen. Grundlagen – Kontroversen – Potentiale, Baden-Baden: Nomos-Verlagsgesellschaft, 155–172.

Höver, Hendrik (2017), Entscheidungsfähigkeit in diakonischen Unternehmen – Organisationstheoretische Einordnung und praktische Implikation für diakonische Forschung und Praxis, in: Hofmann, Beate/Büscher, Martin (Hg.), Diakonische Unternehmen multirational führen. Grundlagen – Kontroversen – Potentiale, Baden-Baden: Nomos-Verlagsgesellschaft, 73–98.

Krolzik, Udo (2017), Theologie und Führung in diakonischen Unternehmen. Diakonische Führungskräfte vor der Gretchenfrage: Wie hältst Du es mit der christlichen Prägung, in: Hofmann, Beate/Büscher, Martin (Hg.), Diakonische Unternehmen multirational führen. Grundlagen – Kontroversen – Potentiale, Baden-Baden: Nomos-Verlagsgesellschaft, 99–114.

Sanchis, Joan Ramon/Campos, Vanessa/Ejarque, Ana (2018), Analyzing the Economy for the Common Good Model. Statistical Validation of its Metrics and Impacts in the Business Sphere, Valencia: Universität Valencia.

Schedler, Kuno/Rüegg-Stürm, Johannes (2013), Einführung, in: Schedler, Kuno/Rüegg-Stürm Johannes (Hg.), Multirationales Management. Der erfolgreiche Umgang mit widersprüchlichen Anforderungen in Organisationen, Bern: Paul Haupt, 13–31.

Schöttler, Roland (2017), Diakonische Unternehmen zukunftsfähig weiterentwickeln. Innovation in der Strategie diakonischer Unternehmen, in: Hofmann, Beate/Büscher, Martin (Hg.), Diakonische Unternehmen multirational führen. Grundlagen – Kontroversen – Potentiale, Baden-Baden: Nomos-Verlagsgesellschaft, 315–334.

Turre, Reinhard (1991), Diakonik. Grundlegung und Gestaltung der Diakonie, Neukirchen-Vluyn: Neukirchener Verlag.

WBGU (2011), Welt im Wandel. Gesellschaftsvertrag für eine Große Transformation. Hauptgutachten, Berlin: Wiss. Beirat d. Bundesregierung Globale Umweltveränderungen.

Nachhaltige Personalpolitik in Kirche und Diakonie

Andreas Rohnke

1 Zum Begriff der Nachhaltigkeit

Wir sind es gewohnt, den Begriff der Nachhaltigkeit im Kontext ökologischer Fragestellungen zu verwenden. Gerade angesichts des Klimawandels und der durch den Ukraine-Krieg verschärften Energiekrise wird dieser Fokus auf einen sensiblen und schonenden Umgang mit den zur Verfügung stehenden Ressourcen verstärkt.

Der Begriff der Nachhaltigkeit wurde erstmals im Bereich der Forstwirtschaft verwendet und beschreibt den verantwortungsvollen Umgang mit der Ressource Holz: es soll nicht mehr Holz gefällt werden, als jeweils nachwachsen kann, um die Ressource auch für folgende Generationen zu erhalten. Von Carlowitz fordert eine »continuierliche, beständige und nachhaltende Nutzung des Waldes.«[1] Der englische Begriff der *sustainability* abgeleitet vom Verb *sustain* = aushalten/ertragen beschreibt noch deutlicher das Prinzip für einen Umgang mit den zur Verfügung stehen Ressourcen, der es der Umwelt ermöglicht, die Ressourcennutzung auszuhalten, ohne Schaden zu nehmen.

Dieses ressourcenökonomische Prinzip der Forstwirtschaft wurde später als paradigmatische Definition des Nachhaltigkeitsbegriffs auf viele Bereiche regenerativer Systeme ausgeweitet und in dieser Bedeutung bis heute verwendet. Der Begriff zielt auf die Vereinbarkeit von Ökonomie und Ökologie. In den frühen 1970er Jahren hielt der Nachhaltigkeitsbegriff schließlich Einzug in die politische Diskussion und wird zunehmend als Prinzip einer inter- und intragenerationellen Gerechtigkeit verstanden. So definiert der so genannte Brundtland-Bericht der UNESCO Nachhaltigkeit als »sustainable development (...) that meets the needs of the present without compromising the ability of future generations to meet their own needs.«[2] Mit dieser Ausweitung erhält der Nachhaltigkeitsbegriff eine ethische Dimension der Verantwortung gegenüber nachfolgenden Generationen und zielt auf eine generelle Entwicklungsfähigkeit.

Mit dem demographischen Wandel wird der Begriff der Nachhaltigkeit im Bereich des Personalmanagements auf die berechtigte Sorge um einen drohenden Mangel an Personalressourcen übertragen. Der Umgang mit der »Ressource« Mensch wird zu einem wesentlichen Faktor für die strategische Personalplanung. Dabei geht es

---

1 Vgl. Artikel Nachhaltigkeit bei Wikipedia, https://de.wikipedia.org/wiki/Nachhaltigkeit (Abruf 29.4.2024). Von Carlowitz prägte diesen Begriff als Gegenbegriff zu Nachlässigkeit.
2 UNESCO Brundtland Report, zitiert nach: Geursen, 2021, 42.

nicht nur darum, die Planungen »demographiefest« zu gestalten. »Ein modernes und nachhaltiges Personalmanagement-Konzept muss der Anforderung genügen, weitreichende gesellschaftliche Trends rechtzeitig zu erkennen, um auf die veränderte Situation [...] der eigenen und potenziellen Mitarbeitenden reagieren zu können.«[3] Der Mangel an geeigneten Nachwuchskräften und deren veränderte Wertvorstellungen, Bedürfnisse und Kompetenzen machen es erforderlich, die Arbeitsprozesse so zu verändern, dass die Bedingungen der Leistungserbringung qualitativ verbessert werden, etwa durch Automatisierung der Produktion, oder einer alters- und altersgerechten Gestaltung von Arbeitsprozessen zur Sicherstellung der Employability. Personalentwicklung, der Aufbau von Talent-Pools sowie ein gezieltes Wissens- und Gesundheitsmanagement nehmen in diesem Zusammenhang Schlüsselfunktionen für die Gestaltung einer nachhaltigen Personalpolitik ein. Diese zielt darauf ab, »den Erfolg eines Unternehmens langfristig zu sichern. Dabei geht es um gleichbleibend hohe Mitarbeiterzufriedenheit für motivierte, gesunde, innovative und produktive Mitarbeiter, Attraktivität des Arbeitsgebers am Bewerbermarkt zur Anwerbung der besten passenden Kandidaten, eine Führungskultur, die das Arbeitsklima optimiert und alle Kräfte auf die Unternehmensziele bündelt.«[4] Damit einher gehen ein Bewusstseinswandel und eine Veränderung des Sprachgebrauchs: die Beschäftigten werden nicht mehr nur als Kostenfaktor angesehen, den es zu minimieren gilt, sondern sie werden als Stärke und Human Ressources wertgeschätzt.

2 Entwicklung und Folgen für die Personalwirtschaft

2.1 Der Wandel der Personalpolitik in Kirche und Diakonie

Waren die 1960er und 1970er Jahre noch geprägt von einem akuten Personalmangel in allen Bereichen des Arbeitslebens, trat mit dem Eintritt der Babyboomer-Generation ins Arbeitsleben ein deutlicher Wandel der Personalstrategien ein. Für den Bereich von Kirche und Diakonie war eine Anwerbung von »Gastarbeitern« nur bedingt möglich. Die vorausgesetzte Mitgliedschaft in der Evangelischen Kirche legte den Personalverantwortlichen deutliche Begrenzungen auf. Daher setzte man in diesen Jahren auf eine Ausweitung des Personalbestands im Pfarrdienst durch Weiterbildungsprogramme für Personen aus sozialen Berufen, wie z. B. Sozialarbeitern oder Diakonen (Ausbildung zum Pfarrverwalter oder Pfarrdiakon)[5]. Auch die Freigabe der Ordination von Frauen mag nicht allein als Ergebnis des gesellschaftlichen Wandels im Zusammenhang mit der Gleichberechtigung der Frauen zu bewerten sein, sondern auch als eine Reaktion auf den Personalmangel für den Pfarrdienst.

---

3 Koch, 2008, 1.
4 Ternès von Hattburg/Nissen (o. J.), Nachhaltiges Personalmanagement.
5 Die Verwendung der männlichen Berufsbezeichnung wurde bewusst gewählt, weil es sich in dieser Phase der kirchlichen Personalwirtschaft wirklich ausschließlich um Männer handelte, die für die Ausbildung gewonnen wurden.

Ende der 1970er Jahre setzte dann ein Wandel in der kirchlichen Personalplanung ein. Die geburtenstarken Jahrgänge der so genannten Babyboomer-Generation drängten in die universitäre Ausbildung, nachdem die Reformen im Bildungswesen einer größeren Zahl junger Menschen den Zugang zu höheren Bildungsabschlüssen ermöglicht hatten. Zudem zeigten die Werbekampagnen für kirchliche und diakonische Berufe Wirkung, zumal sie gut an die gesellschaftlichen Trends zu sozialem Engagement anknüpften.[6]

Im Bereich der Kirche ließ sich sich eine Vielzahl junger Menschen für ein Theologiestudium motivieren und stand nun bereit, in den Pfarrdienst zu treten. Die Kirchen sahen sich vor die Herausforderung gestellt, die so genannte »Theologenschwemme« zu bewältigen, ohne andere Berufsgruppen in der Kirche zu benachteiligen. Die Kirchenkonferenz der EKD empfahl daher den Gliedkirchen, die große Zahl von Menschen, die sich auf kirchliche Berufe – nicht nur auf den Pfarrberuf – vorbereiteten, in den kirchlichen Dienst zu bringen. Schon damals hatte man im Blick, dass es ein ausgewogenes Verhältnis von Pfarrerinnen bzw. Pfarrern und anderen Berufsgruppen in der Kirche geben müsse. Darum wurde empfohlen, »im Ausbildungsbereich über aufgabenorientierte Berufsprofile für alle kirchlichen Mitarbeiter zu beraten und die Voraussetzung für funktionsbezogene Personalentwicklungspläne (»Quotierung«) und entsprechende Folgerungen im Ausbildungsbereich zu schaffen« sowie »ein Personalplanungsmodell für alle kirchlichen Mitarbeiter zu entwickeln.«[7]

Diese Berufsgruppen übergreifende Personalplanung und Personalentwicklung wurde damals nicht überall umgesetzt. Wegen der dezentralen Anstellung der nicht-ordinierten Mitarbeiterinnen und Mitarbeiter in Gemeinden, Zweckverbänden, Kirchenkreisen und diakonischen Einrichtungen konnte sich die landeskirchliche Personalplanung allein auf den Pfarrberuf beziehen. So setzte man beispielsweise in der EKKW einen Personalplanungsausschuss ein, der die personalstrategischen und dienstrechtlichen Entscheidungen für den Pfarrdienst vorbereitete, machte aber keine Vorgaben bezüglich der Anstellung von Personen aus anderen Berufsgruppen.

Die finanziellen Ressourcen der verschiedenen kirchlichen Anstellungsträger reichten aus, um auch außerhalb des Pfarramtes zahlreiche Stellen neu zu schaffen. Eine Refinanzierung durch kommunale und staatliche Stellen konnte aufgrund der engen Zusammenarbeit von Kirche und Diakonie mit den Kostenträgern mit Verweis auf das Subsidiaritätsprinzip erreicht werden. Für den Bereich des Pfarrdienstes lag der Fokus in diesen Jahren darauf, möglichst viele Theologinnen und Theologen in den Dienst übernehmen zu können. Gleichzeitig wurden die Hürden zum Zugang in den Pfarrdienst deutlich erhöht. Prüfungsordnungen wurden verschärft und manche Landeskirchen führten Assessments zur Auswahl des Pfarrpersonals ein. Die Sorge vor der Entstehung eines »*Clerus vagans*« trieb die damaligen Personalverantwortlichen in der EKKW um, während andere Landeskirchen zwar ebenfalls eine Reihe neuer Pfarrstellen schufen, mit denen die Pastorationsdichte und

---

6 So wurde in den 1980er Jahren mit dem Slogan »Weil Menschen Menschen brauchen« für den Pfarrdienst geworben.
7 Beschluss der Kirchenkonferenz der EKD vom 7. Dezember 1978.

die Diversität der pastoralen Tätigkeitsbereiche erhöht wurden, aber nicht davor zurückschreckten, Theologiestudierende nach bestandenem Examen in die Arbeitslosigkeit zu entlassen.[8]

Der Aspekt der Nachhaltigkeit der personalpolitischen Entscheidungen war in diesen Jahren im Bereich der landeskirchlichen Personalpolitik wie im Personalmanagement der Privatwirtschaft noch nicht im Blick. Die »Ressource Mensch« stand überreich zur Verfügung, so dass der Erhalt der Arbeitskraft und ein sorgsamer Umgang damit in den personalstrategischen Überlegungen kaum eine Rolle spielte, obwohl es bereits Anfang der 1970er Jahre im englischsprachigen Raum erste Untersuchungen zur Gesundheit und erhöhten Sterblichkeit von Geistlichen gab.[9]

Mit dem beginnenden Mitgliederschwund in den Kirchen und damit verbundenen rückläufigen Kirchensteuereinnahmen veränderte sich die Blickrichtung der Personalabteilungen. Die Notwendigkeit von Kürzungen im Personalbereich machten in den 1990er Jahren ein neues Denken erforderlich. Erstmals wurden auch demographische Faktoren in die Personalplanung einbezogen. Vorruhestandsregelungen dienten dazu, den demographisch bedingten Personalüberhang abzubauen. Gleichzeitig wurden Programme zur Personalgewinnung aufgelegt, um einem drohenden Personalmangel entgegenzuwirken. Die mit dieser Politik verbundenen Double-Bind-Botschaften haben die Situation auf dem Arbeitsmarkt für die Arbeitgeber meines Erachtens deutlich verschlechtert.

2.2 Aktuelle demographische Entwicklungen. Vom Arbeitgebermarkt zum Arbeitnehmermarkt

Gesamtgesellschaftlich stehen wir in Deutschland vor grundlegenden Problemen, die durch die demographischen Entwicklungen verursacht werden. Der großen Zahl der Menschen, die der Babyboomer-Generation zugerechnet werden[10], stehen zahlenmäßig deutlich schwächere Jahrgangsbreiten der nachfolgenden Generationen gegenüber. Im Blick auf die Personalbestände befindet sich derzeit eine große Kohorte von Mitarbeitenden in der letzten Beschäftigungsphase im Übergang zum Renten- bzw. Ruhestandseintritt. Will man deren Beschäftigungsfähigkeit erhalten, sind entsprechende Maßnahmen zur Gestaltung alters- und alternsgerechter Arbeitsbedingungen zu ergreifen. Bis zum Jahr 2060 ist mit einer deutlichen Überalterung der Gesellschaft zu rechnen.[11] Das Verhältnis von Erwerbspersonen zu Rentner*innen verschiebt sich von derzeit vier zu eins auf ein Verhältnis von zwei zu

---

8 Die Theologischen Fakultäten reagierten auf die kirchliche Personalpolitik, indem sie die Prüfungsordnungen für die Examina an den Hochschulen in Diplomprüfungen umwandelten, um damit anerkannte nicht-kirchliche Abschlüsse zu schaffen. Zu den gestiegenen Kompetenzerwartungen vgl. Hassiepen/Herms, 1993.
9 Vgl. Eadie, 1974, 400–410.
10 Geburtsjahrgänge zwischen Mitte der 1950er und Ende der 1960er Jahre.
11 Veränderungen durch Migration sind in den hier zugrunde gelegten Prognosen des statistischen Bundesamtes nicht berücksichtigt.

eins, d. h. die Rentenversicherungsbeiträge von nur noch zwei Erwerbspersonen müssen künftig die Rente/Pension einer Person finanzieren.

Gleichzeitig ist mit einer »Ent-Jüngung« der Gesellschaft zu rechnen. Es stehen immer weniger Menschen im erwerbsfähigen Alter zur Verfügung. Um diese weniger werdende Gruppe für den kirchlich-diakonischen Arbeitsmarkt zu gewinnen, bedarf es erheblicher Anstrengungen, denn diese Generationen werden auch von anderen Arbeitgebern stark umworben. Innerhalb weniger Jahre veränderte sich der kirchlich-diakonische Arbeitsmarkt von einem Arbeitgebermarkt, in dem sich Arbeitgeber aus einer Fülle von Bewerberinnen und Bewerbern die Besten aussuchen konnten, hin zu einem Arbeitskräftemarkt, wo nun die an einer Anstellung Interessierten auswählen können, welche Arbeitgeber die für sie besten Bedingungen anbieten. Daher gilt es attraktive Arbeitsbedingungen in Kirche und Diakonie zu schaffen bzw. die vorhandenen Vorteile eines Beschäftigungsverhältnisses im Bereich von Kirche und Diakonie im Rahmen von Employer-Branding hervorzuheben und bekannt zu machen.

Die Altersstruktur des Erwerbspersonenpotenzials wird sich bis zum Jahr 2050 maßgeblich verändern. Hatte sich schon von 1990 bis 2020 das Verhältnis der jüngeren zu den älteren Altersgruppen der Erwerbsbevölkerung fast umgekehrt (1990: 15- bis 44-Jährige 57 Prozent der Erwerbsbevölkerung, 45- bis 75-Jährige 43 Prozent der Erwerbsbevölkerung; 2020: 15- bis 44-Jährige 47 Prozent, 45- bis 75-Jährige 53 Prozent), wird sich der Altersmix bis zum Jahr 2050 weiter zugunsten der Älteren verschieben.[12]

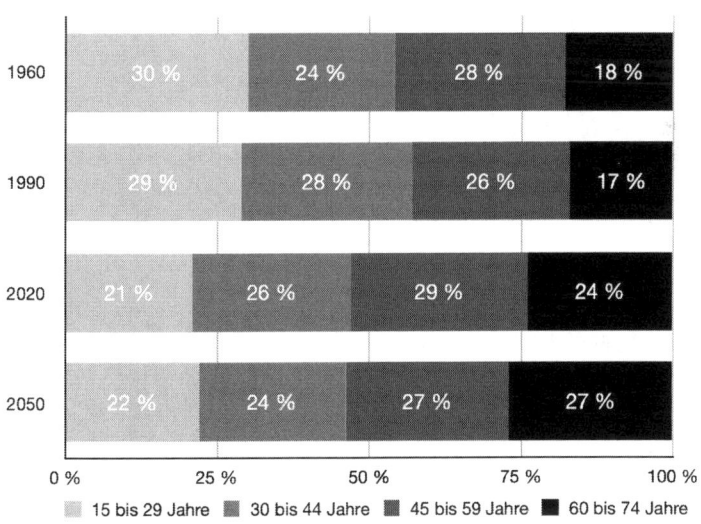

Abbildung 1: Entwicklung der Altersstruktur der Erwerbspersonen

---

12 Vgl. Statistik des Bundesinstituts für Bevölkerungsforschung: Erwerbsbevölkerung nach Altersgruppen, 1960–2050, online: https://www.demografie-portal.de/DE/Fakten/erwerbs bevoelkerung.html (Zugriff: 25.7.2024).

Diese Veränderung der Altersstruktur der Beschäftigten hat eine Erhöhung der Fehlzeiten und teilweise ein gesundheitsbedingtes vorzeitiges Ausscheiden aus der Erwerbstätigkeit zur Folge, wenn nicht entsprechende Maßnahmen zur Verbesserung der Arbeitsbedingungen ergriffen werden.

Mit der demographischen Entwicklung geht eine degressive Entwicklung der Einnahmesituation der Kirchen einher. So konnte die so genannte Freiburg-Studie der Evangelischen und der Katholischen Kirche[13] aufzeigen, wie sich der Mitgliederbestand und die Kirchensteuereinnahmen bis 2060 voraussichtlich entwickeln werden. Für die EKKW wird hier eine Halbierung des Mitgliederbestands prognostiziert. Damit einher geht eine Reduzierung der Kirchensteuereinnahmen um mindestens 38 Prozent des bisherigen jährlichen Kirchensteueraufkommens. Hinzu kommt der Kaufkraftverlust, so dass mit einer Halbierung des aktuellen Personalbestands allein aufgrund der Einnahmeverluste gerechnet werden muss. Die demographische Entwicklung hat also nicht allein Probleme bei der Deckung des Personalbedarfs zur Folge, sondern verursacht erhebliche Ressourcenprobleme für die Kirchen, so dass damit gerechnet werden muss, dass auch die kirchlichen Zuweisungen an diakonische Einrichtungen zurückgehen werden. Inwieweit die staatlichen und kommunalen Refinanzierungsmöglichkeiten für diakonische Angebote erhalten bleiben, muss angesichts des Trends zur Kommunalisierung sozialer Dienstleistungen zumindest im Blick behalten werden.

Gleichzeitig lässt sich aus den Prognosen des Statistischen Bundesamtes[14] eine Steigerung des Bedarfs an diakonischen Dienstleistungen im Bereich der Pflege[15] ableiten. Die Zahl der pflegebedürftigen Personen ist demnach bereits in den vergangenen zwanzig Jahren deutlich angestiegen. Diese Entwicklung wird sich fortsetzen. Mit steigender Lebenserwartung wächst die Zahl der Pflegebedürftigen von aktuell knapp fünf Millionen auf voraussichtlich sieben Million Personen im Jahr 2060.

Die Probleme und Herausforderungen, die sich Kirche und Diakonie aus dem demographischen Wandel stellen, lassen sich in wenigen Stichworten zusammenfassen:

- Kirche und Diakonie stehen vor nicht unerheblichen *Ressourcenproblemen*. Einem Rückgang der Kirchensteuereinnahmen und den davon abhängigen kirchlichen Zuweisungen an diakonische Einrichtungen sowie einem akuten Nachwuchsmangel bei gleichzeitig kleiner werdenden Belegschaften steht ein erhöhter Personalbedarf im Sektor Pflege und pastoraler Begleitung gegenüber.
- Damit verbunden ist ein *Leistungsfähigkeits- und Kapazitätsrisiko*[16] für kirchliche und diakonische Einrichtungen. Mit der Verschiebung der Altersstruktur der Belegschaften gehen eine geringere physische Leistungsfähigkeit und altersbe-

---

13 Vgl. Peters/Gutmann, 2021.
14 Vgl. Demographieportal, https://www.demografie-portal.de/DE/Startseite.html.
15 Der Bereich der Pflege wurde hier beispielhaft betrachtet, weil hier die Datenlage gut zugänglich und am besten untersucht ist.
16 Zur Begrifflichkeit vgl. Armutat, 2018.

dingte Einschränkungen einher. Gleichzeitig verringert sich der Personalbestand durch den Renten- bzw. Ruhestandseintritt der Babyboomer-Generation.
- Die altersbedingten Abgänge sowie die Abwanderung jüngerer Beschäftigter verursachen einen Abfluss von Wissen und Erfahrung und erzeugen ein *Knowhow-Risiko*, das sich auch finanziell auswirkt.[17] Das Erfahrungswissen der Beschäftigten lässt sich nur teilweise durch die Fixierung von Workflows in Qualitätshandbüchern ausgleichen.

3 Herausforderungen und Aufgaben

Nachhaltige Personalpolitik in Zeiten des demographischen Wandels muss sich den folgenden drei Herausforderungen stellen:
- *Recruiting*: Wie können die geeigneten Menschen für die zur Verfügung stehenden Stellen und Aufgaben gewonnen werden?
- *Retension*: Wie können die Beschäftigten an den Dienstgeber Kirche bzw. Diakonie gebunden werden?
- *Resilienz*: Wie können Arbeitsbedingungen so gestaltet werden, dass die Beschäftigten trotz größer werdender Beanspruchung gesund bleiben?

3.1 Recruiting: Der Wandel vom Arbeitgebermarkt zum Arbeitskräftemarkt

Bedingt durch die allgemeine demographische Entwicklung wird die Zahl der Erwerbstätigen insgesamt abnehmen, während sich die Altersstruktur der Beschäftigten verändert. Der Anteil der Älteren nimmt in den nächsten Jahren weiter deutlich zu, während die jüngeren und die mittleren Altersgruppen kleiner werden (Überalterung und Unterjüngung).

Diese Entwicklungen werden dazu führen, dass die Kirche um »Fachkräfte« mit anderen Arbeitgebern konkurrieren muss. Die Perspektive auf dem Arbeitsmarkt hat sich inzwischen umgekehrt: Noch vor Kurzem konnte man von einem »Arbeitgebermarkt« sprechen, in dessen Rahmen sich die Arbeitgeber die besten Bewerberinnen und Bewerber aussuchen konnten. Mittlerweile hat sich die Perspektive verändert zu einem »Arbeitskräftemarkt«, in dessen Rahmen sich die Bewerberinnen und Bewerber die für sie attraktivsten Arbeitgeber aussuchen können.

Hochrechnungen zum Personalbedarf im Pfarrdienst der Evangelischen Kirche von Kurhessen-Waldeck (EKKW) ergaben, dass trotz Pfarrstellenabbaus bei einer

---

17 Zu den Kosten von Fluktuation finden sich eindrückliche Berechnungen im aktuellen Gallup-Engagement-Index, 2023, https://www.gallup.com/de/472028/bericht-zum-engagement-index-deutschland.aspx?utm_source=employee_engagement&utm_medium=email&utm_campaign=german_index_2024_launch_en_march_03142024&utm_term=lead_generation&utm_content=deutsche_version_herunterladen_cta_2&thank-you-report-form=1 (Zugriff: 3.5.2024).

optimistischen Schätzung der Zugängerzahlen ab 2019 jährlich deutlich über 10 Personen für den Pfarrdienst fehlen werden (in Summe ca. 135–140 Personen bis 2026).[18]

Untersuchungen zu Erwartungen der so genannten Generation Y[19] an ihre Berufstätigkeit zeigen dabei, dass es nicht allein harte Fakten (Besoldung, Arbeitsplatzsicherheit u. a.) sind, die einen Arbeitgeber für diese Altersgruppe attraktiv machen. Vielmehr gewinnen zunehmend auch weiche Faktoren an Bedeutung: neben den Möglichkeiten zur beruflichen Weiterentwicklung und zu familienfreundlichen Arbeitsbedingungen[20] spielen dabei auch Faktoren wie Gesundheitsförderung und Work-Life-Balance eine nicht unwesentliche Rolle. Diese Erwartungen werden in der jüngsten Generation (Gen Z) noch viel deutlicher formuliert.[21]

Von den Nachwuchskräften werden darüber hinaus die Möglichkeit zur Teamarbeit, zu guten Wohnbedingungen im Pfarrhaus (im Pfarrdienst) und zu einem familienfreundlichen regionalen Einsatz (Arbeitsplatz von Partner*innen, schulisches Angebot u. a.) erwartet. Gerade im Blick auf die Generation Z ist darüber hinaus mit atypischen Beschäftigungsverläufen mit Unterbrechungen und häufigeren Wechseln der Arbeitsstelle zu rechnen. Die Nachwuchswerbung und der Einsatz der Nachwuchskräfte werden künftig diese Faktoren berücksichtigen müssen, um geeignete Personen gewinnen zu können. Umso wichtiger wird die Schaffung eines Employer Branding[22] für die kirchlichen und diakonischen Berufe.

Um mit geeigneten Personalmarketing-Strategien die Aufmerksamkeit der jungen Menschen zu gewinnen, gilt es im Rahmen einer Zielgruppen-Analyse zu klären, wen man für die freiwerdenden Stellen gewinnen möchte und wie die Zielgruppe »tickt«, will sagen, welche Werte und Vorstellungen prägend sind und mit welchen Angeboten zu Fragen des Arbeitsklimas, der Gehaltsstrukturen und möglicher Arbeitszeitmodelle geworben werden kann. Ebenso wichtig sind jedoch auch die Entwicklungsmöglichkeiten in der Tätigkeit und die Möglichkeit zu Mitbestimmung, Eigenverantwortlichkeit, flache Hierarchien und ein kollegialer Führungsstil.

Außerdem ist es erforderlich die Bindung der neuen Beschäftigten schon früh zu gestalten und zu entwickeln.

Mit Strategien des Diversity-Recruiting sind bisher »ungehobene« Personalressourcen zu entdecken und für Kirche und Diakonie zu gewinnen:

- So bringen ältere Fachkräfte einen großen Erfahrungsschatz mit und neigen weniger zum Stellenwechsel als jüngere Beschäftigte. Mit der Schaffung bzw. Anerkennung von berufsbegleitenden Master-Studiengängen für Evangelische Theo-

---

18 Vgl. https://www.ekkw.de/media_ekkw/downloads/syn2101_TOP_01_Personalbericht_2021.pdf (Zugriff: 2.1.2023)
19 Vgl. z. B. Parment, 2013.
20 Z.B. die Möglichkeit Elternzeiten und Pflegezeiten in Anspruch nehmen zu können.
21 Vgl. Maas, 2022, 33ff.
22 Unter Employer Branding versteht man die Schaffung einer »Arbeitgeber-Marke« mit klar definierten Arbeitsbedingungen, welche die Attraktivität für die Bewerber*innen erhöhen und den Arbeitgeber gegenüber den Konkurrenten hervorheben sollen.

logie ermöglichen die Kirchen mittlerweile auch Menschen mittleren Alters einen Berufswechsel in den Pfarrdienst. Damit öffnen sich die Kirchen für Personen mit einem anderen beruflichen Hintergrund, der im Sinne einer Erhöhung der Diversität eine flexible Antwort auf die Diversifizierung der Gesellschaft ermöglicht und den Kirchen damit bessere »Marktchancen« zum Erreichen der Mitglieder und neuer Zielgruppen durch kirchliche Angebote eröffnen kann. Diese Personengruppe stellt das kirchliche Personalmanagement vor neue Herausforderungen, denn aus den ursprünglichen Berufsfeldern bringen die Master-Absolventen Erfahrungen und Erwartungen an die Personalführung und Personalentwicklung mit, die sie im Bereich ihrer neuen Tätigkeit als Pfarrerin bzw. Pfarrer berücksichtigt und erfüllt wissen wollen.

- Für bestimmte Arbeitsbereiche ist zu prüfen, ob der Einsatz von benachteiligten Jugendlichen für beide Seiten ein Gewinn sein kann. Diese Gruppe benötigt sicherlich ein größeres Maß an Begleitung, wird aber vermutlich umso motivierter arbeiten, wenn sie in ihren Berufen Bestätigung und Wertschätzung erfährt.
- Menschen mit Behinderung bringen neben ihren Einschränkungen auch einen Erfahrungsschatz mit, den sie gerade in kirchlichen und diakonischen Arbeitsfeldern zum Einsatz bringen können.
- Mit der Lockerung der konfessionellen Bindung durch die Reform der Mitarbeitsrichtlinie der EKD wird auch dort Arbeitskräften mit einer Migrationsgeschichte die Möglichkeit einer Beschäftigung eröffnet, wo bislang eine Kirchenmitgliedschaft als Anstellungsvoraussetzung gegeben war.

3.2 Retension: Bindung von Beschäftigten an den Arbeitgeber

Die (emotionale) Bindung an den Arbeitgeber trägt dazu bei, die demographiebedingten Kapazitäts- und Knowhow-Risiken möglichst gering zu halten. Da sich der Personalbedarf voraussichtlich nicht mehr durch den Einsatz von jungen Fachkräften vollständig decken lassen wird und Kirche und Diakonie mit anderen Arbeitgebern um den Nachwuchs konkurrieren, wird die Bindung des vorhandenen Personals umso bedeutsamer für eine nachhaltige Personalpolitik.[23]

Die (emotionale) Bindung der Mitarbeiterinnen und Mitarbeiter an ihren Arbeitgeber stellt daher eine wichtige Ressource nicht nur für die Gesundheit der Beschäftigten dar. Studien aus dem nicht-kirchlichen Bereich (Gallup-Engagement-Index)[24] belegen die Bedeutung der Bindung der Mitarbeiterinnen und Mitarbeiter an ihren Arbeitgeber für die Kunden-Orientierung, für die Fluktuationsneigung der Beschäftigten und für die Bereitschaft, den eigenen Arbeitgeber anderen zu empfehlen. Insofern ist die Bindung der Mitarbeiterinnen und Mitarbeiter ein wesentlicher Faktor auch für die Gewinnung neuer Arbeitskräfte, denn nur zufriedene

---

23 Zur Frage der Bindung von Mitarbeitenden vgl. Felte, 2008.
24 Vgl. z. B. Nink, 2018; zum Bezug zur kirchlichen Personalpolitik vgl. Rohnke, 2016.

und emotional gebundene Mitarbeiterinnen bzw. Mitarbeiter werden auch junge Menschen überzeugen können, dass es sich »lohnt«, einen kirchlichen oder diakonischen Beruf zu ergreifen, und selbst dem Arbeitgeber Kirche oder Diakonie treu zu bleiben.

Abgesehen von den nicht unerheblichen Kosten, die eine Stellen-Neubesetzung verursacht (Besetzungskosten, Verlust von Systemwissen, Einarbeitung neuer Mitarbeitender etc.)[25], weisen die Studien die Bedeutung der Bindung sowohl für die Leistungsfähigkeit und die Qualität der Arbeit, die arbeitsbezogene Gesundheit als auch für die Kundenbindung nach. Die (emotionale) Bindung und Identifikation der Mitarbeiterinnen und Mitarbeiter mit ihrem Arbeitgeber (Commitment) lässt sich durch verschiedene Maßnahmen und Angebote positiv beeinflussen, z. B. durch

- Verbesserung der Arbeitsbedingungen,
- Angebote der Personalentwicklung und
- mitarbeiterorientiertes Vorgesetztenverhalten.

Auf den Punkt gebracht lässt sich sagen: Emotional gebundene Mitarbeitende leisten bessere Arbeit, sind gesünder und tragen zu einer stärkeren Bindung der Kunden bei. Dabei können die Maßnahmen zur Mitarbeiterbindung nicht früh genug ansetzen. Mit der Schaffung eines dualen Studiengangs Evangelische Theologie könnte beispielsweise eine solche frühzeitige Bindung ermöglicht werden. Außerdem könnten auf diesem Weg frühzeitig Frustrationen wegen unrealistischer Erwartungen an den Pfarrberuf vermieden werden. Vergleichbare Modelle sind auch für andere Berufe in Kirche und Diakonie denkbar.

Die altersmäßig veränderte Zusammensetzung der Beschäftigten macht eine alters- und alternsgemäße Umgestaltung der Arbeit und eine gezielte Personalentwicklung erforderlich, die der demographischen Entwicklung Rechnung trägt. Hier gehen Gesundheitsmanagement und Personalentwicklung zusammen und ergänzen sich sinnvoll.

Dabei werden alters- und altersspezifische Gesundheitsfaktoren für den Einsatz älterer Beschäftigter in die Planungen einbezogen. So ist zwar von physischen und psychischen Einschränkungen bei älteren Mitarbeiterinnen und Mitarbeiter auszugehen, die aber durch altersspezifische Kompetenzen wettgemacht werden. Die folgende tabellarische Auflistung altersspezifischer Kompetenzen nach altersbedingter Zu- und Abnahme soll hier exemplarisch für die entsprechenden Untersuchungen stehen.[26]

---

25 Der Gallup-Engagement-Index geht von Fluktuationskosten in Höhe von 90 Prozent bis 200 Prozent eines Brutto-Jahresgehalts aus. Vgl. https://www.gallup.com/de/472028/bericht-zum-engagement-index-deutschland.aspx?utm_source=employee_engagement&utm_medium=email&utm_campaign=german_index_2024_launch_en_march_03142024&utm_term=lead_generation&utm_content=deutsche_version_herunterladen_cta_2&thank-you-report-form=1

26 Schober, 2012, 38.

Zunehmende Kompetenzen	Konstante Kompetenzen	Abnehmende Kompetenzen
Soziale Fähigkeiten		
Lebens- und Berufserfahrung	Kreativität	Risikobereitschaft
Urteilsvermögen	Kooperationsfähigkeit	Delegationsbereitschaft
Selbstbewusstsein	Durchsetzungsverhalten	
Besonnenheit		
Kommunikationsfähigkeit		
Konfliktfähigkeit		
Positive Arbeitseinstellung		
Ausgeglichenheit		
Fachliche Fähigkeiten		
Berufs- und unternehmensspezifisches Wissen	Leistungs- und Zielorientierung	Körperliche Leistungsfähigkeit und Belastbarkeit
Zuverlässigkeit	Systemdenken	Geistige Beweglichkeit
Genauigkeit	Entscheidungsfähigkeit	Geschwindigkeit der Informationsaufnahme und -verarbeitung
Qualitätsbewusstsein	Psychisches Leistungsvermögen	Reaktionsgeschwindigkeit
Pflicht- und Verantwortungsbewusstsein	Informationsverhalten	Leistungsfähigkeit des Kurzzeitgedächtnisses
Markt- und Kundenorientierung	Leistungsfähigkeit des Langzeitgedächtnisses	Lern- und Weiterbildungsbereitschaft
Problembewältigungskompetenz	Aufmerksamkeit	
Kenntnisse gängiger Lösungsstrategien	Konzentrationsfähigkeit	

Tabelle: Altersspezifische Kompetenzen gegliedert nach altersbedingter Zu- und Abnahme.

Weitere Aufzählungen altersspezifischer Kompetenzen und Einschränkungen finden sich bei Armutat.[27] Unter Berücksichtigung dieser Faktoren ergibt sich eine generationssensible Strategie für Personalentwicklung. Eine gängige Definition des Begriffs Personalentwicklung lautet: »Personalentwicklung umfasst alle Maßnahmen der Bildung, der Förderung und der Organisationsentwicklung, die von einer Person oder Organisation zur Erreichung spezieller Zwecke zielgerichtet, systematisch und methodisch geplant, realisiert und evaluiert werden.«[28]

Damit werden zwei Seiten derselben Medaille beschrieben: die Erfordernisse der Organisation (Aufgabenorientierung) und die Erwartungen und Qualifikationen der

---

27 Vgl. Armutat, a. a. O., 30ff.
28 Becker, 2005, 2.

Mitarbeitenden (Kompetenzorientierung). Beides sind Faktoren für die arbeitsbezogene Gesundheit, die durch die Methode des Arbeitsbewältigungs-Coachings gefördert und erhalten werden können – doch dazu später mehr.

Noch vor einigen Jahren waren die fehlenden Möglichkeiten für einen Stellenwechsel und zur beruflichen Weiterentwicklung ein wesentlicher Faktor für die berufliche Unzufriedenheit der Pfarrerinnen und Pfarrer. Das belegen eindrucksvoll die verschiedenen Studien zum Pfarrberuf aus den 2000er Jahren.[29] Eine Spezialisierung oder Schwerpunktsetzungen im Gemeindepfarrdienst waren zu dieser Zeit kaum möglich. In den meisten Fällen blieb es bei der Initiative der Beschäftigten, entsprechende berufliche Schwerpunktsetzungen und altersgemäße Veränderungen im Arbeitsprozess herbeizuführen. Personalentwicklung geschah und geschieht leider immer noch nach dem Prinzip »Personalentwicklung by Polaroid – Jede*r entwickelt sich selbst.«[30] Immerhin diese individuelle Verschiebung von Arbeitsschwerpunkten war im Pfarrdienst aufgrund der hohen beruflichen Autonomie anders als in anderen Arbeitsfeldern möglich.

Erst mit der Einsicht in einen drohenden Fachkräftemangel im Bereich von Kirche und Diakonie setzt ein Umdenken in dieser Frage ein. In Berufsbildprozessen und Überlegungen zu einer aufgaben- und kompetenzorientierten Personalstrategie werden den Grenzen zwischen den Berufsbildern in Kirche und Diakonie fluider und lassen mehr Entwicklungsmöglichkeiten auch für die Einzelnen zu.

Inzwischen reagieren kirchliche und diakonische Arbeitgeber auf diese Entwicklungen und beginnen Prozesse zur multi-, inter- und transprofessionellen Zusammenarbeit der verschiedenen Berufsgruppen in Kirche und Diakonie.[31] Dabei werden Personalstrategien diskutiert, die sich nicht mehr nur an den Grenzen formaler Qualifikationen für einzelne Tätigkeiten orientieren, sondern mit einer Aufgaben- und Kompetenzorientierung leichtere Übergänge zwischen der Berufen ermöglichen.[32] Die dienst-, arbeits- und tarifrechtlichen Bestimmungen sind hierzu noch entsprechend zu verändern.

Die Schaffung professions- und altersgemischter Teams ermöglicht einen Austausch über die Grenzen der Berufe und Altersgrenzen hinweg. Zum einen werden wechselseitige Lernprozesse ermöglicht, die bei der Lösung der anstehenden Aufgaben die unterschiedlichen Berufslogiken und Methoden-Samples in einen fruchtbaren Dialog bringen. Auf der anderen Seite schaffen altersgemischte Teams ein wechselseitiges Lernen, der verschiedenen Altersgruppen. Die Jüngeren gewährleisten dabei den Wissenszufluss in die Organisation, indem sie den jeweiligen state-of-the-art der Ausbildung und der Wissenschaft in die gemeinsame Arbeit einbringen, während die Älteren mit ihrem Systemwissen und ihrer Berufserfahrung insbeson-

---

29 Beispielhaft sei hier auf die Studie Pfarrberuf heute der kurhessischen Pfarrvertretung verwiesen. Vgl. Rohnke, 2009.
30 Vgl. Rohnke, 2013.
31 Vgl. Schendel, 2021.
32 Vgl. Die Maßstäbe des Deutschen Qualifikationsrahmens, https://www.dqr.de/dqr/de/wem-nuetzt-der-dqr/wem-nuetzt-der-dqr_node.html.

dere in Arbeitsfeldern jenseits der Routine die erforderliche Verfahrenssicherheit geben können. Auf diese Weise können alle Mitarbeitenden von einer entsprechenden Mischung profitieren und die Organisation gewinnt an Attraktivität für potenzielle Bewerber*innen.

3.3 Resilienz

Die demographische Entwicklung sowie die Bindung von Mitarbeitenden verändern die altersmäßige Zusammensetzung der Belegschaften. Daher wird der Faktor Resilienz[33] bedeutsamer für die Entwicklung einer nachhaltigen Personalstrategie. Um die Personalstrategie demographiefest weiterzuentwickeln, ist es erforderlich, die Arbeitsbedingungen und Arbeitsorganisation so zu gestalten, dass die Beschäftigten bis zum Ruhestand gesund und leistungsfähig und den Beanspruchungen des Berufs zum Trotz »in Form bleiben«. Hierzu ist die Schaffung eines integrierten Modells von Gesundheitsmanagement und Personalentwicklung erforderlich, um die Leistungs- und Beschäftigungsfähigkeit (Employability) auch älterer Beschäftigter sicherstellen zu können.

Ausgehend von der Einsicht Juhani Ilmarinens, dass »Produktivität [...] nicht vom Alter abhängig ist, sondern von der Organisation der Tätigkeit«[34] ist zur Erhaltung einer leistungsfähigen Belegschaft die Schaffung altersgerechter Strukturen der Arbeitsprozesse als Basis aller weiteren Maßnahmen unumgänglich. Darauf aufbauend tragen Maßnahmen des Gesundheitsmanagements und einer generationensensiblen Personalentwicklung zum Erhalt der Leitungsfähigkeit bei.

Dabei empfiehlt es sich, dass das Thema Gesundheit strategisch und kulturell im Unternehmen verankert ist, und nicht als sozialpolitisches »Feigenblatt« strukturelle Mängel und eine neoliberale Privatisierung der Gesundheitsrisiken der Arbeit verdecken helfen soll. Um einem individualistisch verengten Verständnis einer reinen Gesundheitsförderung im Sinne von Prävention und Kuration entgegenzuwirken, muss das Gesundheitsmanagement ganzheitlich ausgerichtet sein und neben verhaltensorientierten Handlungsebenen, wie z. B. Maßnahmen zur Raucherentwöhnung oder entsprechende Trainingsprogramme zur Verbesserung der Fitness, auch verhältnisorientierte Handlungsebenen zur gesundheitsfördernden Entwicklung von Arbeitsstrukturen, Ergonomie und altersgemäßer Arbeitsorganisation, sozialorientierte Handlungsebenen, wie familienfreundliche Arbeitsorganisation oder Teamentwicklung und eine personal orientierte Handlungsebene mit Angeboten zu Auszeiten, spirituellen Angeboten und nicht zuletzt einer altersgerechten Personalentwicklung enthalten.

---

33 Der Begriff Resilienz beschreibt ursprünglich die Eigenschaft eines Materials trotz physikalischer Einflüsse immer wieder in die ursprüngliche Form zurückzukehren. Mit den Langzeit-Untersuchungen der amerikanischen Psychologin Emmy Werner hielt der Begriff Einzug in die Theorie des Gesundheitsmanagements und beschreibt das Vermögen eines Menschen, trotz widriger Umstände gesund zu bleiben. Vgl. Werner, 2010, 28–42.
34 Ilmarinen, 2003.

So gehen mittlerweile immer mehr Landeskirchen daran, Arbeitszeitregelungen für den Pfarrdienst einzuführen – oft in Verbindung mit einem Berufsbildprozess.[35] In der Evangelisch-Lutherischen Kirche in Bayern (ELKB) wurde dieser Prozess flankiert durch ein Pilotprojekt zur Durchführung von Arbeitsbewältigungs-Coachings in einzelnen Kirchenkreisen.[36]

Dieses Beratungsinstrument basiert auf den Forschungen des Finnish Institute of Occupational Health (FIOH) unter Juhani Ilmarinen. In Finnland wurden die Veränderungen durch den demographischen Wandel bereits in den 1970er Jahren wahrgenommen und beschrieben. Auffällig war die hohe Zahl der Beschäftigten, die vor dem Erreichen der Regelaltersgrenze berentet wurden. Im Verlauf der FIOH-Studie wurde die Auftragsstellung implizit umgekehrt und danach gefragt, welche Faktoren einer nachhaltigen Personalarbeit dazu führen, dass Menschen länger erwerbsfähig bleiben können. Aus den Ergebnissen dieser umfangreichen Studie entwickelte der finnische Arbeitswissenschaftler Juhani Ilmarinen die Untersuchungsmethode des Arbeitsbewältigungs-Index (WAI), der als Grundlage für einen Beratungsprozess für Beschäftigte und Organisationen, dem Arbeitsbewältigungs-Coaching (ab-c)[37], dient. Der Begriff der Arbeits-(bewältigungs-)fähigkeit beschreibt dabei das Potenzial eines Menschen, die ihm gestellten Aufgaben in einem vorgegebenen Zeitrahmen zu erfüllen. Es handelt sich also nicht um eine statische Größe, vielmehr beschreibt Arbeitsbewältigungsfähigkeit »den Grad der Passung und die Stabilität der Balance zwischen den personenbezogenen Aspekten Gesundheit, Kompetenz und persönliche Werte einerseits und den Arbeitsanforderungen und -bedingungen andererseits. Arbeitsfähigkeit ist nicht per se stabil, sondern verändert sich im Lebenslauf. Die individuellen und organisatorischen Einflussgrößen sind vielfältig.«[38] Das Arbeitsbewältigung-Coaching zielt darauf ab, für Beschäftigte und Organisationen gleichermaßen Elemente für ein Betriebliches Gesundheitsmanagement und für die Personal- und Organisationsentwicklung zu schaffen, die nachweislich die Gesundheit und Employability der Beschäftigten erhalten. Das Instrument verbindet daher neben Elementen des Gesundheitsmanagements auch Elemente der Personal- und Organisationsentwicklung und bietet als solchermaßen holistisches Beratungsinstrument einen ganzheitlichen Blick auf die Entwicklung gesundheitserhaltender Arbeitsstrukturen.

Zur Beschreibung dieses Beratungsprozesses entwickelte Ilmarinen das Bild vom »Haus der Arbeitsfähigkeit«,[39] das die verschiedenen Faktoren für ein »Occupational Well-Being« enthält und im Laufe der Jahre um wichtige Faktoren der Umwelt des Arbeitsprozesses erweitert wurde (s. u.). Im Folgenden wird der Beratungsprozess kurz beschrieben.

---

35 So wurde in der ELKB im Rahmen des Berufsbildprozesses »Gut, gerne und wohlbehalten arbeiten« eine Höchstarbeitszeit für den Pfarrdienst in Gemeinden von 48 Wochenstunden definiert. Die EKvW geht mit der Einführung des »Terminstunden-Modells« einen ähnlichen Weg. Andere Landeskirchen folgen diesen Beispielen (EKiR, EKKW und andere).
36 Vgl. Schatz, 2017.
37 Vgl. Gruber/Frevel, 2012.
38 Frevel, et. al, 2017.
39 Vgl. Ilmarinen/Tempel, 2013.

In einem vertraulichen, persönlichen Beratungsgespräch wird zunächst mit Hilfe eines Fragebogens der WAI ermittelt. Mit diesem Messinstrument wird der Grad der Passung zwischen Arbeitsanforderungen und individuellen Kapazitäten ermittelt, der sich in einer Messzahl zwischen 7 und 49 widerspiegelt; je höher die Messzahl, umso besser ist die Passung.

Ausgehend von der individuell ermittelten Messzahl des WAI werden in den vertraulichen Gesprächen mit den Mitarbeiterinnen und Mitarbeitern persönliche Fördermaßnahmen und ein Förderbedarf durch den Arbeitgeber ermittelt. Mit dem anschaulichen Bild des Hauses der Arbeitsbewältigungsfähigkeit werden die Förderbedarfe in den verschiedenen »Stockwerken« oder Ebenen besprochen: Gesundheit, Entwicklungsmöglichkeiten/Kompetenzen, Führung und Arbeitsorganisation sowie Arbeitsbedingungen. Diese Ebenen bewegen sich alle in einem größeren Umfeld, das die Arbeitsbewältigungsfähigkeit ebenfalls beeinflusst.

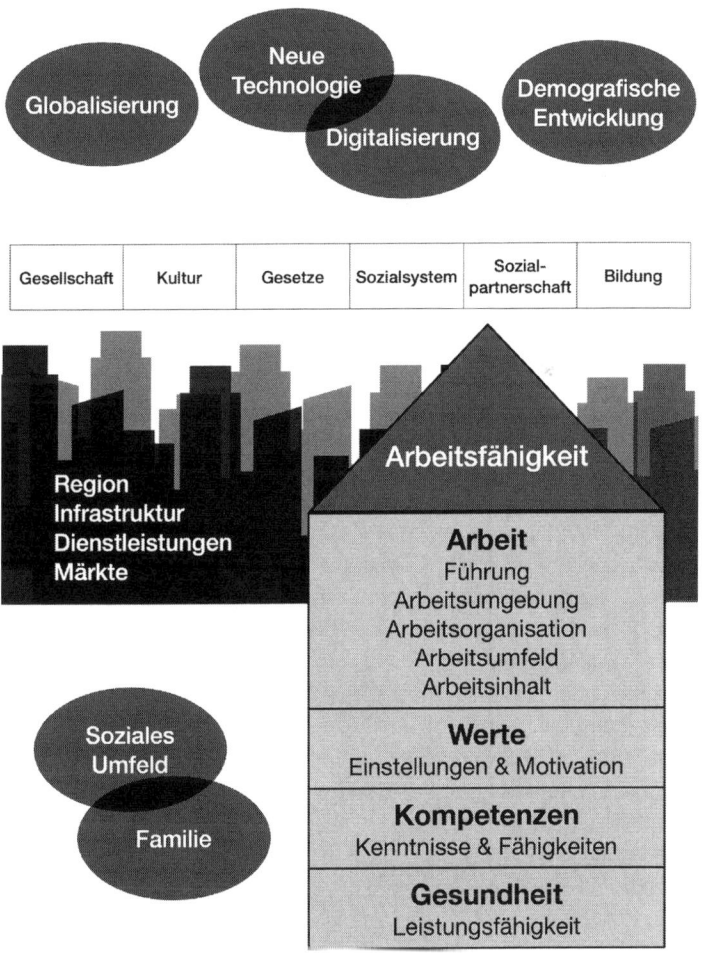

Abbildung 2: Haus der Arbeitsfähigkeit, Schema in Anlehnung an Juhani Ilmarinen

Dabei ist das dritte Stockwerk zentral, denn Werte, Einstellungen und Motivation sind stark miteinander verbunden und bedingen gemeinsam, wie sich die Beziehungen zwischen Mensch und Arbeit/Arbeitsplatz entwickeln können. Sie bestimmen die Identifikation mit der und die emotionale Bindung an die Organisation (Commitment) mit. Durch ein mitarbeiterorientiertes Vorgesetztenverhalten und die Schaffung von Entwicklungsmöglichkeiten können sie positiv beeinflusst werden, um die Bindung an die Organisation zu stärken und die Gesundheit der Beschäftigten zu fördern.

In einem zweiten Schritt werden die anonymisierten Förderbedarfe der Mitarbeiterinnen und Mitarbeiter in Workshops mit Entscheidungsträgern einer Organisation bearbeitet und daraus konkrete Maßnahmen zur gesundheitsfördernden Organisationsentwicklung (OE) entwickelt.

Dabei konnte in Längsschnittstudien über nunmehr rund 30 Jahre die Wirksamkeit des Instruments bestätigt werden. Aus den Ergebnissen des Coachings werden sowohl individuelle als auch organisationale Maßnahmen abgeleitet, die erst in einer guten Kombination zu einer nachhaltigen Verbesserung der arbeitsbezogenen Gesundheit der Beschäftigten beitragen. Die Längsschnitt-Studie zeigt, dass erst die Kombination von Fördermaßnahmen auf den verschiedenen Ebenen eine nachhaltige Wirkung erzeugt, die sich in einem stabilen WAI während der gesamten Lebensarbeitszeit und im Anteil der gesunden Ruhestandsjahren ausdrückt.

Das Bild des Hauses der Arbeitsbewältigungsfähigkeit ist ein Symbol für den holistischen Ansatz dieses Instruments. Es werden Elemente der Gesundheitsförderung mit Elementen der Organisations- und Personalentwicklung im Rahmen des strategischen Gesundheitsmanagements verbunden, wenn es etwa darum geht, Möglichkeiten für einen Alters- und alternsgerechten Einsatz der Beschäftigten zu entwickeln. Hierzu müssen organisationale Voraussetzungen genauso geschaffen werden (OE) wie Möglichkeiten für die Beschäftigten, ihre Kompetenzen gegebenenfalls an anderer Stelle einzubringen und sich beruflich zu verändern (PE). Mit der Weiterentwicklung des Konzepts zur Konzeption »Arbeitsfähigkeit 2.0« verlässt dieses Instrument die Grenzen der reinen Gesundheitsförderung und verfolgt nunmehr bereits im Analyseteil einen ganzheitlichen Ansatz, in den auch gesellschaftliche, wirtschaftliche und politische Faktoren einbezogen werden. Dabei wird von der Voraussetzung ausgegangen, dass »Person und Organisation [...] die Arbeitsfähigkeit aktiv beeinflussen« können, »um die menschlichen Ressourcen zu stärken und die Arbeit förderlich zu gestalten.«[40]

Das Instrument des Arbeitsbewältigungs-Coachings bzw. die Methode der »Arbeitsfähigkeit 2.0« sind erprobte und wissenschaftlich validierte Methoden, die insbesondere im Bereich der kirchlichen und diakonischen Berufe die Diskussion der Arbeitsbelastungen aus dem Bereich des »Gefühlten« auf eine wissenschaftliche und empirisch überprüfbare Basis stellen. Mit ihrem holistischen Ansatz ermöglichen sie eine ganzheitliche Sicht auf die vorhandenen Ressourcen und Belastungspotenziale. Sie nehmen das Erfahrungswissen der Beschäftigten innerhalb

---

40 Frevel et. al., 2017, 73.

des Organisationsradars auf und ermöglichen eine partizipative Ausgestaltung des Gesundheitsmanagements. Mit diesem partizipativen Ansatz kann das Arbeitsbewältigungs-Coaching dazu beitragen, die Bindung an die Organisation zu stärken, und auf diese Weise einen wichtigen Beitrag zur Gestaltung einer nachhaltigen Personalpolitik in Kirche und Diakonie leisten.

4 Fazit

In diesem Beitrag konnte gezeigt werden, welchen Einfluss die demographische Entwicklung auf die Entwicklung des Personalbestands, der zur Verfügung stehenden Ressourcen im Bereich der Finanzen und des Personals sowie die veränderten Bedarfe an diakonischen und kirchlichen Dienstleistungen voraussichtlich haben wird. Diesen Faktoren sind kirchliche und diakonische Organisationen jedoch nicht hilflos ausgeliefert. Allerdings erfordern sie ein Umdenken und eine Ausrichtung der Personalstrategien an nachhaltigen Kriterien.

In Konkurrenz zu anderen Arbeitgebern müssen Kirche und Diakonie im Rahmen eines Employer Branding die Benefits einer Beschäftigung in diesem Arbeitsfeld herausarbeiten und durch entsprechende Personalmarketingmaßnahmen der Zielgruppe vermitteln. Mittels Diversity Recruiting können neue Zielgruppen als noch »ungehobene« Personalressourcen gewonnen werden. Die Erfahrungen aus entsprechenden Beschäftigungsverhältnissen im Bereich der Diakonie und der verfassten Kirche sind dabei nutzbar zu machen.

Gleichzeitig ist es unerlässlich, das vorhandene Personal an die diakonischen und kirchlichen Arbeitgeber zu binden. Dies kann durch die Verbesserung von Arbeitsbedingungen, Strukturen und entsprechende Unterstützungsmaßnahmen erreicht werden. Die Schaffung von beruflichen Entwicklungsmöglichkeiten (Personalentwicklung) sowie das Beschreiten neuer Wege im Bereich der professionsübergreifenden Zusammenarbeit im Rahmen einer aufgaben- und kompetenzorientierten Personalstrategie erhöhen die Attraktivität der kirchlichen und diakonischen Arbeitgeber.

Berufliches Gesundheitsmanagement und Methoden des Diversity-Managements sind weitere wichtige Bestandteile einer nachhaltigen Personalpolitik. Mit dem Instrument des Arbeitsbewältigungs-Coachings wurde ein Modell zu einer ganzheitlichen Begleitung von Mitarbeiterinnen bzw. Mitarbeitern und Organisationen vorgestellt, mit dessen Hilfe Strukturen einer guten Arbeit in Diakonie und Kirche entwickelt werden können.

Literaturverzeichnis

Armutat, Sascha et. al. (Hg.) (2018), Personalmanagement in Zeiten von Demografie und Digitalisierung. Herausforderungen und Bewältigungsstrategien für den Mittelstand, Wiesbaden: Springer.
Bayrischer Unternehmensverband Metall und Elektro e. V. (Hg.), (2006), Wege zu einer nachhaltigen Personalpolitik, München.

Becker, Manfred (2005), Personalentwicklung. Bildung, Förderung und Organisationsentwicklung in Theorie und Praxis, Stuttgart: Schäffer-Poeschel.

Eadie, Hugh A. (1974), Der Gesundheitszustand der Pfarrer. Eine Untersuchung in der Kirche von Schottland, in: Wege zum Menschen 26, Göttingen: Vandenhoeck & Ruprecht, 400–410.

Felfe, Jörg (2008), Mitarbeiterbindung (Wirtschaftspsychologie 28), Göttingen: Hogrefe.

Frevel, Alexander et. al. (Hg.) (2017), Arbeitsfähigkeit 2.0. Der »Radar-Prozess« zur Erhaltung und Förderung der Arbeitsfähigkeit und des Arbeits-Wohlbefindens, in: Marianne Giesert/Tobias Reuter/Anja Liebrich (Hg.), Arbeitsfähigkeit 4.0. Eine gute Balance im Dialog gestalten, Hamburg 2017, 72–85.

Geursen, Elisabeth (2021), Nachhaltiges Personalmanagement als Schlüsselfaktor für erfolgreiches Wirtschaften. Eine linguistische Diskursanalyse ausgewählter Unternehmenstexte und Printmedien, Mannheim: J. B. Metzler.

Gruber, Brigitte/Frevel, Alexander (2012), Arbeitsbewältigungs-Coaching, Nr. 38. Der Leitfaden zur Anwendung im Betrieb, hg. von der Bundesanstalt für Arbeitsschutz und Arbeitsmedizin, Dortmund, online: https://www.wainetzwerk.de/uploads/z-neue%20Uploads/Literatur/WAI_Arbeits-%20und%20Besch%C3%A4ftigungsf%C3%A4higkeit/Arbeitsbewaeltigungscoaching_Leitfaden_INQA.pdf (Zugriff: 29.4.2024).

Hassiepen, Werner/Herms, Eilert (Hg.) (1993), Grundlagen der theologischen Ausbildung und Fortbildung im Gespräch. Die Diskussion über die »Grundsätze für die Ausbildung und Fortbildung der Pfarrer und Pfarrerinnen der Gliedkirchen der EKD«. Dokumentation und Erträge 1988–1993. Im Auftrag der Gemischten Kommission für die Reform des Theologiestudiums. Reform der theologischen Ausbildung 14, Kassel: Kreuz-Verlag.

Ilmarinen, Juhani (2003), Das finnische Nationalprogramm für ältere ArbeitnehmerInnen (FINPAW) 1998–2002, Vortrag Wien 2003.

Ilmarinen, Juhani/Tempel, Jürgen (2013), Arbeitsleben 2025. Das Haus der Arbeitsfähigkeit im Unternehmen bauen. Hamburg: VSA.

Koch, Malte (2008), Personalpolitische Antworten auf Megatrends in unserer Gesellschaft. Handlungsleitfaden für die künftige Gestaltung der Personalarbeit, Bachelor-Arbeit (Leuphana Hochschule Lüneburg), masch. Manuskript.

Maas, Rüdiger (2022), Wie tickt die Generation Z?. Forschungsbasierte Erkenntnisse, in: Organisationsentwicklung. Zeitschrift für Unternehmensentwicklung und Change-Management, 4/2022, 33ff.

Nink, Marco (2018), Engagement Index. Die neuesten Daten und Erkenntnisse der Gallup-Studie, München: Redline.

Parment, Anders (2013), Die Generation Y. Mitarbeiter der Zukunft motivieren, integrieren, führen, Wiesbaden: Springer.

Peters, Fabian/Gutmann, David (2021), #projektion 2060. Die Freiburger Studie zu Kirchenmitgliedschaft und Kirchensteuer. Analysen – Chancen – Visionen, Neukirchen-Vluyn: Neukirchener Verlag.

Rohnke, Andreas (2009), Pfarrberuf heute. Typologien pastoraler Berufsgestaltung, Frankfurt/Main: AIM-Verlagshaus.

Rohnke, Andreas (2013), Diversitätsmanagement für den Pfarrberuf. Ein Ansatz für ein ressourcen-orientiertes Personalmanagement für den Pfarrberuf, in: Zeitschrift für Organisationsentwicklung und Gemeindeberatung 13, 13–27.

Rohnke, Andreas (2016), Stress mit der Kirche. Emotionale Bindung als (Gesundheits-) Ressource für den Pfarrdienst, in: Deutsches Pfarrerblatt 116, 198–202.

Schatz, Susanne (2017), Arbeitsbewältigungs-Coaching in der Evangelisch-Lutherischen Kirche in Bayern, in: Deutsches Pfarrerblatt 117, 85–88.

Schendel, Gunther (2021), Arbeit am Betriebssystem der Kirche. Multi-, inter- und transprofessionelle Zusammenarbeit. Konzepte, Potenziale, Beobachtungen, in: Praktische Theologie 56, 168–175.

Schober, Denniz (2012), Personalmanagementkonzepte zur Erhaltung und Steigerung des individuellen Leistungspotenzials der Belegschaft. Work-Life-Balance, Diversity Management und Betriebliches Gesundheitsmanagement als Teil einer werteorientierten Unternehmenskultur, Hamburg: Verlag Dr. Kovač.
Ternès von Hattburg, Anabel/Nissen, Regina (o. J.), Nachhaltiges Personalmanagement, in: Gabler Wirtschaftslexikon, Wiesbaden: Springer; online: https://wirtschaftslexikon.gabler.de/definition/nachhaltiges-personalmanagement-53887/version-276949 (Abruf 28.11.2022).
Werner, Emmy (2010), Wenn Menschen trotz widriger Umstände gedeihen. Und was man daraus lernen kann, in: Rosmarie Welter-Enderlin/Bruno Hildebrandt (Hg.), Resilienz. Gedeihen trotz widriger Umstände, Heidelberg: Carl Auer Verlag, 28–42.

Nachhaltiges Personalmanagement und Lernen am Arbeitsplatz
Personalmanagement und digitales Workplace-Learning in Zeiten der Digitalisierung und Transformation

Jörg Martens

1 Nachhaltigkeit hat eine lange Vorgeschichte und erfährt heute eine neue Aufmerksamkeit

In den letzten Jahren hat der Begriff der Nachhaltigkeit rapide an Bedeutung gewonnen, ähnlich wie das Etikett »bio«, wird er vielfältig als Lösungsweg für zahlreiche Probleme genutzt. Diese Popularität führt jedoch oft dazu, dass der Begriff seine ursprüngliche Klarheit verliert und zu einem unscharfen, häufig gebrauchten Allgemeinplatz wird. Der Begriff der nachhaltigen Entwicklung hat seine Wurzeln nicht im modernen Personalmanagement. Schon in der Antike ist der Gedanke der Nachhaltigkeit in vielen bäuerlichen oder nomadischen Kulturen eine selbstverständliche Maßnahme zur Sicherung des gegenwärtigen oder zeitnahen Überlebens.[1]

Der Ursprung dieses Begriffs – oder formgeschichtlich gesagt: der Sitz im Leben – liegt historisch im Jagdwesen der Frühzeit und zielt darauf ab, den Lebensunterhalt in einer ungewissen Zukunft zu sichern. Der Gedanke dahinter: Ein verantwortungsvoller Umgang mit Ressourcen heute sichert das Überleben morgen. Das alte deutsche Wort »Nachhalt« beschreibt diese vorausschauende Herangehensweise, bei der Menschen Vorräte für spätere Notzeiten anlegten, also für zukünftige Eventualitäten »nachhielten«. »Nachhalt« ist somit die Reserve, die dem Überleben in der nahen oder fernen Zukunft dient.[2] Im Laufe der Zeit ist aus diesem Ursprung das heutige »Drei-Säulen-Modell« der Nachhaltigkeit entstanden., das 1998 von einer Enquete-Kommission des Deutschen Bundestags aufgegriffen wurde.[3]

2 Anknüpfungspunkte des Nachhaltigkeitsgedankens im Personalmanagement

Das Human Resources-Management (HR-Management), auch als Personalmanagement bekannt, ist ein »Spätentwickler« im Kontext der Nachhaltigkeitsdebatte. Die unweigerliche Erkenntnis, dass Ressourcen knapp werden, führte zu einem allgemeinen Bewusstseinswandel und gleichzeitig zur Einsicht in die Notwendigkeit ei-

---

1 Vgl. Vogt, 2009.
2 Vgl. Reidel, 2020, 102f.
3 Vgl. Mölders/Burandt/Szumelda, 2012.

nes verantwortungsvolleren Umgangs mit diesen begrenzten Ressourcen. Eine Integration des Nachhaltigkeitsgedankens im HR-Kontext erfolgte vergleichsweise spät.

Das »Humankapital« – Unwort des Jahres 2004 – wird allmählich im Kontext des Personalmanagements knapp. Der Arbeitsmarkt hat sich vor dem Hintergrund sinkender Geburtenraten und schmalerer Kohorten junger Menschen stark gewandelt, was einen deutlichen Übergang zu einem Bewerbermarkt im Gegensatz zu den 1970er bis 1980er Jahren markiert. Erst über die nicht mehr zu ignorierenden Auswirkungen des demographischen Wandels beginnt allmählich eine veränderte Haltung im Umgang mit Bewerberinnen, Bewerbern und Beschäftigten.

Die zentralen Ziele eines nachhaltigen HR-Managements lassen sich in diesem Kontext zwar nicht umfassend, jedoch in einigen Schlagworten wie Gleichbehandlung im Sinne des Diversity-Managements, Entwicklungsmöglichkeiten für Beschäftigte, Employability und Well-Being im Rahmen einer gesundheitsorientierten Organisations- und Führungskultur zusammenfassen. Insbesondere das Diversity-Management erweist sich als entscheidender Aspekt, um einen unbehinderten Zugang zum Betrieb über Bewerbungen sowie Entwicklungsmöglichkeiten und Karrierewege zu ermöglichen.

Dennoch zeigt sich, dass Nachhaltigkeit im Bereich des Personalmanagements im Vergleich zu anderen Unternehmensbereichen nur zögerlich aufgegriffen wird[4] und bislang nicht umfassend in die Personalarbeit integriert wurde.[5] Hier besteht Potential für eine tiefgreifende Integration von nachhaltigen Praktiken, insbesondere durch die Berücksichtigung von Vielfalt und Chancengleichheit als essenzielle Bestandteile einer nachhaltigen Personalstrategie.

2.1 Gesundheit und Entwicklungsmöglichkeiten als nachhaltige Organisationskultur

Die Integration eines gesundheitsorientierten Ansatzes im Personalmanagement markiert einen bedeutenden Schritt hin zu nachhaltigen Praktiken innerhalb von Organisationen. Die Erkenntnis über den engen Zusammenhang zwischen dem Wohlbefinden der Mitarbeiter, ihrer Leistungsfähigkeit und ihrer stärkeren Bindung an das Unternehmen hat in Zeiten des Fach- und Führungskräftemangels dazu geführt, dass Unternehmen vermehrt Wert auf eine Führungskultur legen, die die Gesundheit und das Wohlbefinden der Mitarbeiterinnen und Mitarbeiter in den Mittelpunkt stellt.

Eine gesundheitsorientierte Führung beinhaltet nicht nur präventive Maßnahmen zur Vermeidung von Gesundheitsproblemen, sondern auch eine proaktive Unterstützung bei der Bewältigung von Stress und Belastungen. Dies schafft nicht nur ein positives Arbeitsumfeld, sondern trägt auch maßgeblich zur langfristigen Leistungsfähigkeit und Motivation der Beschäftigten bei. Gesunde und zufriedene Mitarbeiterinnen und Mitarbeiter sind nicht nur produktiver, sondern tragen auch zur Reduzierung von Fehlzeiten und Fluktuation bei.

---

4 Vgl. Ehnert et al., 2015.
5 Vgl. Müller-Camen, 2020.

Im Rahmen eines nachhaltigen Personalmanagements bedeutet dies, dass die Organisation nicht nur kurzfristige Ziele verfolgt, sondern auch langfristige Verantwortung für das physische und psychische Wohlbefinden ihrer Mitarbeitenden übernimmt. Dies kann durch die Implementierung von Gesundheitsförderungsprogrammen, flexiblen Arbeitszeiten, ergonomischen Arbeitsplätzen und Schulungen zur Stressbewältigung erreicht werden.[6]

Die nachhaltige Ausrichtung auf gesundheitsorientierte Führung wirkt sich jedoch nicht nur positiv auf die Beschäftigten aus, sondern kann auch einen messbaren Einfluss auf die Unternehmenskultur und die Arbeitgeberattraktivität haben. Organisationen, die sich um das Wohlbefinden ihrer Mitarbeiterinnen und Mitarbeiter kümmern, werden zunehmend als attraktive Arbeitgeber wahrgenommen und können somit talentierte Fachkräfte anziehen und langfristig binden. Insgesamt betrachtet ist die Integration gesundheitsorientierter Führung im Personalmanagement ein integraler Bestandteil eines umfassenden Nachhaltigkeitsansatzes.

3 Förderung nachhaltigen Lernens am Arbeitsplatz

Die Implementierung eines effektiven betrieblichen Lernprogramms ist von entscheidender Bedeutung für die nachhaltige Entwicklung von beruflichen Kompetenzen, die sowohl im beruflichen als auch im privaten Bereich angewendet werden können. Ein zentraler Aspekt für eine nachhaltige Transformation liegt in der Handlungsfähigkeit von gut ausgebildeten Fachkräften, die über entsprechende berufliche Kompetenzen verfügen. Dabei spielt die berufliche Bildung eine herausragende Rolle, indem sie die Lernprozesse mit der Arbeitswelt verknüpft und Innovationen fördert und verbreitet, die sowohl die Wirtschaft als auch die Gesellschaft beeinflussen.

Digitale Lernformate können dabei einen wesentlichen Beitrag leisten, um gegenwärtige und zukünftige Herausforderungen besser zu bewältigen. Sie bieten eine flexible und zugängliche Möglichkeit, um Lerninhalte effizient zu vermitteln und den Lernenden individuelle Lernwege zu ermöglichen. Durch den Einsatz digitaler Technologien können Schulungsmaßnahmen optimiert und auf die Bedürfnisse der Lernenden zugeschnitten werden, was zu einer effektiveren Wissensvermittlung und Kompetenzentwicklung führt.

Um eine nachhaltige Lernkultur erfolgreich im Unternehmen zu etablieren, bedarf es jedoch einer ganzheitlichen betrieblichen Umsetzung. Hierbei spielen verschiedene Faktoren eine Rolle, wie beispielsweise das Engagement des Managements für lebenslanges Lernen, die Integration von Lernzielen in die Unternehmensstrategie, die Bereitstellung von Ressourcen für Schulungsmaßnahmen sowie die Schaffung einer offenen und unterstützenden Lernumgebung. Darüber hinaus ist eine kontinuierliche Evaluation und Anpassung der Lernaktivitäten erforderlich, um sicherzustellen, dass sie den sich wandelnden Anforderungen des Unternehmens und der Beschäftigten gerecht werden. Durch diese ganzheitliche Heran-

---

6 Vgl. Osztovics et al., 2023.

gehensweise kann eine nachhaltige Lernkultur im Unternehmen gefördert und langfristig verankert werden, was wiederum zur Steigerung der Wettbewerbsfähigkeit und Innovationskraft beiträgt.

3.1 »New Work und New Learning« – die Wiederentdeckung einer langen Beziehung

Die aktuellen Veränderungen in der Arbeitswelt machen deutlich, dass sich sowohl die Rahmenbedingungen des betrieblichen Lernens verändern als auch die organisationale Lernkultur, in die es eingebettet ist. Formale Lernformen der Weiterbildung oder Personalentwicklung reichen bei weitem nicht mehr aus, um den sich verändernden Anforderungen gerecht zu werden.[7] Gegenwärtig kreist die Fachdiskussion um konzeptionelle Überlegungen zu einem gelingenden Übergang von traditionellen Ansätzen der Personalentwicklung hin zu neuen, möglichst auf die Arbeitsprozesse bezogenen Lernformaten.[8]

Bislang wurde das betriebliche Lernen unter dem Etikett der Personalentwicklung oder Weiterbildung weitgehend räumlich und zeitlich getrennt vom Arbeitsplatz und überwiegend durch formale Schulungen und Weiterbildungsmaßnahmen gesteuert; doch dieser statische Ansatz kann mit der rasanten Veränderungsdynamik heutiger Geschäftsumgebungen kaum mehr mithalten: das formale »Lernen auf Vorrat«, wie es in konventionellen Workshops vorherrschend ist, wird zunehmend durch ein bedarfsorientiertes »just-on-demand-Lernen« am Arbeitsplatz abgelöst, das den jeweils Lernenden bestenfalls in flexiblen, orts- und zeitunabhängigen Formaten zur Verfügung stehen sollte.[9]

Ein Blick in die jüngere Geschichte der Berufsbildung zeigt, dass gesellschaftliche Veränderungen immer auch Auswirkungen auf das betriebliche Lernen nach sich gezogen haben. Die wechselseitigen Beziehungen zwischen Arbeit und Lernen sind demnach nicht vollkommen neu, vielmehr waren sie rückblickend schon immer vorhanden, mal enger, mal lockerer. Man kann es sich vorstellen wie eine Ehe oder eine langjährige Beziehung, die trotz ständiger Veränderungen bestehen bleibt, jedoch immer wieder neu ausgerichtet werden muss. Wenn gesellschaftliche Umbrüche auf diese Beziehung einwirken, müssen die beiden Partner – Arbeiten und Lernen – intensiv über die Grundlage ihrer Zweisamkeit nachdenken. Vor diesem Hintergrund stellt sich die Frage immer wieder neu, was und wie Beschäftigte heute und zukünftig im betrieblichen Umfeld lernen müssen, um sich flexibel und erfolgreich neuen Anforderungen anzupassen. Dies zeigt sich aktuell vor allem in der Diskussion über angemessene Kompetenzprofile, in denen sogenannte »future skills« im Zentrum eines zukunftsorientierten Kompetenzmanagements stehen.[10]

---

7 Vgl. Schaper et al., 2023.
8 Vgl. Sauter/Sauter, 2014.
9 Vgl. Dehnbostel, 2020.
10 Vgl. Winde/Klier, 2021.

Die Frage, was man lernen muss, wenn zukünftige Anforderungssituationen unbekannt sind, stellte sich in ähnlicher Weise bereits zu Beginn des 19. Jahrhunderts, als sich die aufstrebende Industriegesellschaft gegen eine überwiegend agrarisch geprägte feudale Ordnung durchzusetzen begann, was zu einer unsicheren Zukunft führte. Die Antwort – vorgetragen vor allem von Wilhelm von Humboldt – lautete: Bildung bzw. Allgemeinbildung.

Dieses programmatische Leitmotiv »beruht auf einer simplen Einsicht: Wenn man, wie bis dahin üblich, den Menschen lediglich für seine künftig erwarteten spezifischen Funktionen – etwa als Bauer, Handwerker, Geschäftsmann – ausbildet, dann läuft er Gefahr, Veränderungen in seinem Beruf nicht mehr gewachsen zu sein. Erteilt man ihm jedoch eine grundlegende Bildung im Sinne einer ›Allgemeinbildung‹, wird er in den Stand gesetzt, auf solche Veränderungen, die vorher niemand voraussehen kann, durch Weiterlernen flexibel zu reagieren. Er verfügt dann nämlich über das dafür erforderliche geistige Potential.«[11]

Etwa 150 Jahre später – Mitte der 1970er Jahre – zeigte Dieter Mertens mit seinem viel rezipierten Buch über »Schlüsselqualifikationen« (1974) eine ähnliche Argumentationslinie. Seine Überlegungen basierten auf den sich verändernden Arbeitsprozessen und den deutlich sichtbaren Risiken einer Überalterung beruflichen Fachwissens. Er forderte, dass sich berufliche Bildung stärker an den aktuellen Erfordernissen des Arbeitsmarktes ausrichten müsse und weniger am Erwerb reinen Fach- und Faktenwissens. Als Schlüsselqualifikationen bezeichnete er daher solche Kenntnisse und Fähigkeiten, die keinen direkten Bezug mehr nur zu einer konkreten Berufspraxis haben, sondern in verschiedenen – auch unvorhersehbaren – Anforderungssituationen flexibel eingesetzt werden können.[12]

Abgesehen von zeitgenössischen Einseitigkeiten dieser Konzepte wie der Humboldtschen »Allgemeinbildung« oder Mertens' »Schlüsselqualifikationen« zeichnet sich in der Sache eine gemeinsame Zielrichtung ab, die der gegenwärtigen Diskussion sehr nahekommt. Diese liegt in dem Versuch der Bewältigung einer abnehmenden Halbwertszeit des beruflichen Wissens angesichts des rapiden Wandels beruflicher Anforderungen. Sowohl Humboldt als auch Mertens betonten – in heutigen Begrifflichkeiten dem Sinn nach – die Notwendigkeit einer überfachlichen Kompetenzentwicklung angesichts der neuen Anforderungen, die eine dynamisch sich verändernde Arbeitswelt an die Beschäftigungsfähigkeit der Menschen stellt.

3.2   Der Stand der Forschung zum Lernen am Arbeitsplatz

Die Forschung zu Veränderungen im Lernkontext der Arbeit ist in der wissenschaftlichen Gemeinschaft kein neues Thema, es erhält aber angesichts der »Krise des formalen betrieblichen Lernens« durch die Wiederentdeckung von arbeitsintegrier-

---

11 Giesecke, 1999.
12 Vgl. Mertens, 1974.

ten Lernprozessen derzeit eine neue Aktualität.[13] Ein Grund für die gegenwärtige Aufmerksamkeit, die das Lernen am Arbeitsplatz derzeit erfährt, liegt vorrangig darin, dass die formale betriebliche Weiterbildung ein anforderungsbezogenes Lernen über einen längeren Zeitraum hinweg in einem stetigen Prozess der Auslagerung, Systematisierung und Zentralisierung immer weiter vom realen Arbeits- und Berufsgeschehen abrückte. Die Weiterentwicklung des betrieblichen Lernens wurde vorrangig der Personal- und Organisationsentwicklung überlassen. Diese Entwicklung führte dazu, dass informelle und erfahrungsgeleitete Lernprozesse am Arbeitsplatz wenig berücksichtigt wurden.

Bei Ansätzen des arbeitsintegrierten bzw. arbeitsbezogenen Lernens dagegen soll diese zeitliche und räumliche Trennung zwischen dem Arbeitsprozess und dem Lernprozess verringert und bestenfalls aufgehoben werden. Das wesentliche Ziel dieses Ansatzes besteht darin, Lernen während der eigentlichen Arbeitstätigkeit zu ermöglichen, um eine möglichst nahtlose Integration von Lernaktivitäten in den Arbeitsalltag zu fördern. Im Gegensatz dazu liegt in konventionellen Seminaren und Workshops der betrieblichen Weiterbildung der Nachteil darin, dass Lerninhalte oft räumlich und zeitlich separat von den spezifischen Anforderungen bestimmter Arbeitsplätze vermittelt werden, so dass die konkreten Tätigkeitsanforderungen und Arbeitssituationen im Lehrgang allenfalls nachgestellt oder simuliert werden können. Die praktische Anwendung des Erlernten auf konkrete Anforderungen des Arbeitsplatzes bleibt den Lehrgangsteilnehmenden dann in der Regel allein überlassen und erfolgt nicht unter realen Lernbedingungen.[14]

Ein weiterer bedeutender Aspekt, der die Forschungsaktivitäten zu diesem Thema prägt, liegt im grundlegenden Perspektivwechsel hin zu einem verstärkten Fokus auf die lernenden Akteure im Unternehmen. Ähnlich wie im Kontext des Service Design Thinking und den davon abgeleiteten Ansätzen des Employee Experience Managements zeigt sich auch bei der Diskussion über das Thema des Learning Experience Designs und sogenannter »user-centered learning journeys«[15] die Tendenz, verstärkt die Perspektive der Nutzer zu berücksichtigen. Dieser junge Ansatz des Learning Experience Design ist eine Methode, Lernprozesse aus der Sicht der jeweils lernenden Personen zu betrachten und möglichst nutzerorientiert zu gestalten.[16]

Damit verbunden ist zwangsläufig auch ein weiterer Paradigmenwechsel zu beobachten. In früheren Zeiten wurden die relevanten Lernthemen hauptsächlich von der Organisation festgelegt und in bestimmten Lernformaten angeboten. Im Gegensatz dazu setzt das Konzept des Lernens am Arbeitsplatz verstärkt auf die Selbstorganisation der Lernenden. Im Rahmen dieses Ansatzes haben die Mitarbeiterinnen und Mitarbeiter die Möglichkeit, ihre Lernziele selbst zu setzen und individuell auf ihre Bedürfnisse zugeschnittene Lernpfade zu gestalten.[17] Dieser Ansatz fördert

---

13 Vgl. Dehnbostel, 2016.
14 Vgl. Severing, 1996.
15 Vgl. Seevaratnam et al., 2023.
16 Vgl. Chang/Kuwata, 2020.
17 Vgl. ebd.

nicht nur die Autonomie der Lernenden, sondern ermöglicht auch eine flexiblere Anpassung an die sich ständig ändernden Anforderungen der Arbeitswelt. Die Verlagerung der Verantwortung für erfolgreiche Lernprozesse hin zu den Lernenden selbst betont somit die Notwendigkeit einer proaktiven und eigenmotivierten Herangehensweise an berufsbezogene Weiterbildung. Dadurch verschiebt sich jedoch auch zunehmend die Verantwortung für gelingende Lernprozesse und liegt hauptsächlich bei den Lernenden selbst.

Das herkömmliche formale »Lernen auf Vorrat« in formalen Veranstaltungen der Personalentwicklung wird demgegenüber zunehmend durch ein bedarfsorientiertes »Echtzeit-Lernen« am Arbeitsplatz abgelöst. Es wird dabei »als eine synchrone oder zeitnahe handlungsorientierte Kompetenzentwicklung am Arbeitsplatz und in den entsprechenden Arbeitsprozessen beschrieben. Der Fokus liegt dabei auf dem oft impliziten Erfahrungswissen der Beschäftigten aus informellen, praxisorientierten Lernprozessen, die sich lösungsorientiert mit den sich verändernden Anforderungssituationen ihrer beruflichen Tätigkeit auseinandersetzen«.[18]

In der aktuellen Diskussion spielen nicht nur arbeitsplatzbezogene, sondern auch organisatorische Bedingungen eine entscheidende Rolle.[19] Es wird häufig betont, dass arbeitsbezogenes Lernen stark vom persönlichen Engagement der Mitarbeiterinnen und Mitarbeiter sowie von den kulturellen Freiräumen und Partizipationsmöglichkeiten am Arbeitsplatz geprägt ist. Der Arbeitsplatz kann demnach nicht pauschal als ein durchweg geeigneter Lernort betrachtet werden, obwohl Beschäftigte dort täglich neue Erfahrungen sammeln und dadurch selbstgesteuert lernen können. Die Wirksamkeit und das Potential als Lernort können naturgemäß variieren, denn nicht jeder Arbeitsplatz erfüllt diese Funktion. Eine Transferfähigkeit wird jedoch besonders dann gefördert, wenn Lernende während ihrer beruflichen Tätigkeit vielfältige Erfahrungen mit unterschiedlichen Arbeitsgegenständen, -verfahren und -bedingungen machen können. Um Problemlösungsfähigkeiten zu entwickeln, bedarf es jedoch auch herausfordernder Arbeitssituationen und Entscheidungsspielräume, um zu ermitteln, wie diese am besten zu bewältigen sind. Die Motivation steigt, wenn die Arbeit abwechslungsreich ist und die Lernenden einen persönlichen Nutzen erkennen.[20]

Lernen am Arbeitsplatz erfordert folglich häufig eine grundlegende Neuausrichtung der Lernkultur in Organisationen[21] und eine Integration in die bestehenden Unternehmensstrukturen und -prozesse. Es geht vorrangig darum, Lernprozesse individualisiert, flexibel und zugänglich zu gestalten, um den unterschiedlichen Bedürfnissen und Lernpräferenzen der Mitarbeitenden gerecht zu werden. Darüber hinaus zeigt sich, dass dieser Ansatz eng mit der Fähigkeit der Organisation verbunden ist, eine Lernumgebung zu schaffen, die von einer offenen Kommunikation und einem regen Wissensaustausch geprägt ist. Hierbei spielt die Förderung einer

---

18 Vgl. Erpenbeck/Sauter/Sauter, 2016.
19 Vgl. Sauter/Schulz, 2015.
20 Vgl. Severing, 1996.
21 Vgl. Sauter/Sauter, 2014.

lernförderlichen Unternehmenskultur eine zentrale Rolle, um die Akzeptanz neuer Lernmethoden zu stärken und den Erfolg nachhaltig zu sichern.[22]

4 Nachhaltiges Erfahrungslernen in Organisationen

In modernen Organisationen wird der Wert des Erfahrungslernens zunehmend erkannt und geschätzt. Dieser Ansatz ermöglicht es Mitarbeiterinnen und Mitarbeitern, durch praktische Erfahrungen zu lernen und diese Erkenntnisse in ihren Arbeitskontext zu integrieren. Nachhaltiges Erfahrungslernen in Organisationen geht über einen reinen Wissenserwerb hinaus. Es geht vielmehr darum, durch Handlungen, Reflexion und Anpassung langfristige Veränderungen herbeizuführen. Durch die direkte Erfahrung am Arbeitsplatz werden nicht nur Fähigkeiten entwickelt, sondern auch Werte und Unternehmenskultur gefestigt.[23]

Ein wesentlicher Aspekt dieses Lernprozesses ist die Möglichkeit, aus Fehlern zu lernen. Durch das Zulassen und Ermutigen von Experimenten können Organisationen innovative Lösungen finden und sich kontinuierlich weiterentwickeln. Darüber hinaus fördert nachhaltiges Erfahrungslernen in Organisationen eine offene und kooperative Arbeitsumgebung. Indem Mitarbeiterinnen und Mitarbeitern ihre Erfahrungen teilen und voneinander lernen, entstehen ein gemeinsames Verständnis und eine gemeinsame Vision für den Erfolg der Organisation. Insgesamt ist nachhaltiges Erfahrungslernen ein entscheidender Bestandteil einer lernenden Organisation, die sich kontinuierlich anpasst, um den sich ständig verändernden Anforderungen des Marktes gerecht zu werden.

4.1 Workplace-Learning als informelles Lernen aus Erfahrungen

Generell bezeichnet Workplace-Learning jegliche Formen und Formate des Lernens, die am Arbeitsplatz stattfinden oder aus den Themen des Arbeitsplatzes abgeleitet werden.[24] Die Besonderheit dieses Lernansatzes liegt insbesondere in der Auseinandersetzung mit zentralen Themen der beruflichen Praxis und mit dem Arbeitsumfeld. Erfahrungslernen steht zweifellos als eine der effektivsten und nachhaltigsten Formen des Lernens im Mittelpunkt. In dieser Lernmethode werden Erinnerungen auf eine Weise geschaffen, die es ermöglicht, sie besonders leicht in verschiedenen Kontexten abzurufen und in neue Denkweisen oder Handlungsweisen zu integrieren. Im Gegensatz zu rein kognitiven Lernprozessen, wie sie beispielsweise an Universitäten stattfinden, wird arbeitsbezogenes oder arbeitsintegriertes Lernen durch

---

22 Vgl. ebd.
23 Vgl. Seufert, 2011.
24 Vgl. Lester/Costley, 2010.

eine unmittelbare Interaktion mit der beruflichen Umwelt ausgelöst.[25] Dabei spielen das theoretische (Vor-)Wissen, die spezifischen Vorerfahrungen und motivationalen Absichten der jeweils Lernenden sowie die Gestaltung des Arbeitsplatzes eine zentrale Rolle im Lernprozess.[26]

Workplace-Learning ist somit eine Form des Lernens, bei der Erfahrungsbildung, Wissenserwerb oder Verhaltensveränderung entweder arbeitsintegriert während des Arbeitsprozesses oder durch arbeitsbezogene Lernaktivitäten im näheren Umfeld des Arbeitsplatzes stattfinden.[27] Lernprozesse vollziehen sich hierbei auf vielfältige Weise durch die Bearbeitung anforderungsbezogener Aufgabenstellungen, durch das gemeinsame Bewältigen ungelöster Problemstellungen in Teams oder durch das Beobachten erfolgskritischer Verhaltensweisen erfahrener Kollegen.

Erfahrungsbasiertes Lernen am Arbeitsplatz ist die älteste und am weitesten verbreitete Art der beruflichen Kompetenzentwicklung.[28] Hier dient der Arbeitsplatz gleichzeitig als Erfahrungsraum und Lernumgebung: So werden in der betrieblichen Lehre, bei der die Auszubildenden einer Fachkraft zugeordnet sind, betriebs- oder berufsspezifische Tätigkeiten oft durch Beobachtung und Nachahmung erworben. Während eines Onboardingprozesses werden neue Mitarbeiter bzw. Mitarbeiterinnen häufig durch berufserfahrene Kolleginnen bzw. Kollegen begleitet und durch die Weitergabe von relevantem Wissen und gemachten Erfahrungen in die neuen Aufgaben eingearbeitet und sozial in das Team integriert. Diese formalen oder informellen Lernprozesse durch Erfahrungsweitergabe im Arbeitsumfeld vollziehen sich oft mehr oder weniger unbemerkt von den beteiligten Akteuren, sind aber bedeutsam, da sie eine praxisnahe und kontinuierliche Entwicklung von Kompetenzen im beruflichen Kontext ermöglichen. Wie einschlägige empirische Untersuchungen verdeutlichen, hat diese Form des informellen, erfahrungsbasierten Lernens eine dominante Stellung im betrieblichen Lernkontext. Zwischen 60 und 80 Prozent des Handlungswissens von Fachkräften basieren auf informellen Lernprozessen am Arbeitsplatz.[29]

4.2 Social Workplace-Learning – gemeinsames Lernen als selbstorganisierter, sozialer Prozess

Workplace-Learning erfolgt dabei nicht nur individuell, sondern kann auch in Gruppen und sozialen Netzwerken – analog oder digital stattfinden. Es dient damit sowohl der individuellen oder teambezogenen Entwicklung als auch der Verbesserung betrieblicher Prozesse, fachlicher Fähigkeiten und nicht zuletzt sozial-kommunikativer und personaler Kompetenzen.[30]

---

25 Vgl. Tynjälä, 2008.
26 Vgl. Illieris, 2011.
27 Vgl. Sonntag/Stegemeier, 2007.
28 Vgl. Dehnbostel, 2016.
29 Vgl. ebd.
30 Vgl. Kauffeld/Grote, 2019.

Wenn Lernen am Arbeitsplatz als informeller Prozess beschrieben wird, der aus der erfahrungsbezogenen Auseinandersetzung mit beruflichen Anforderungen erwächst, dann steht hier nicht nur das Lernen einer einzelnen Person im Fokus, sondern insbesondere auch soziale Lernprozesse von Gruppen und Teams. Denn die rasche Vermittlung von Fähigkeiten und Fertigkeiten sowie die Entwicklung von neuem Wissen gewinnt in Zeiten der agilen Veränderung immer mehr an Bedeutung für die gesamte Organisation. In diesen situativ-erfahrungsbezogenen Ansätzen jedoch müssen für das erfolgreiche Lernen von Teams bestimmte Voraussetzungen erfüllt sein, um die Kompetenzen von Kollegen einzubinden und zu nutzen. Je nach Unternehmensgröße und Branche kommen dabei verschiedene Methoden des Social Workplace-Learning in Frage: Tandempartner aus verschiedenen Fachgebieten können sich austauschen und so beispielsweise die Kommunikation und Ablaufprozesse zwischen Abteilungen verbessern, in Projektgruppen können gemeinsam Problemlösungen erarbeitet werden. Insbesondere unter den veränderten Arbeitsbedingungen in der »Agilen Lernwelt«[31] entsteht das, was zu lernen ist, oft erst im laufenden Arbeitsprozess, denn Arbeiten und Lernen finden weniger sequenziell, sondern häufiger gemeinsam und weitgehend gleichzeitig statt. Lernende Reflexionsprozesse in Expertenteams sind dabei zentral und von entscheidender Bedeutung.[32]

Als ein Beispiel für ein soziales und selbstorganisiertes Lernen durch den wechselseitigen Austausch von Wissen und beruflichen Erfahrungen können »Communities of Practice«[33] genannt werden, die zum Jahrtausendwechsel vor allem unter dem Aspekt des organisationalen Wissensmanagements diskutiert wurden. Es sind »über einen längeren Zeitraum bestehende Personengruppen, die Interesse an einem gemeinsamen Thema haben und Wissen gemeinsam aufbauen und austauschen wollen. Die Teilnahme ist freiwillig und persönlich. Wissensgemeinschaften sind um spezifische Inhalte gruppiert.«[34] Ein aktuelleres Beispiel für ein vergleichbares Format gemeinsamen und selbstorganisierten Lernens am Arbeitsplatz, das den Aspekt der Agilität stärker hervorhebt, liegt im sogenannten »Sprintlernen« mit der Scrum-Methode. Es handelt sich hierbei um eine am agilen Projektmanagement orientierte Lernform, die in ihrem didaktischen Rahmenmodell sehr stark auf Selbststeuerung, Individualisierung, Arbeitsprozessorientierung sowie auf reflexives und entdeckendes Lernen setzt.[35] In diesem agilen »peer-to-peer-learning-Format« geben sich Lernende gegenseitig Feedback, übernehmen wechselseitig die Rolle von Experten und bewerten damit auch die Arbeit ihrer Kollegen. Auf diese Weise lernen alle Beteiligten voneinander und bereichern sich durch unterschiedliche

---

31 Hofert, 2021. Agiles Lernen meint die Adaption agiler Werte, Prinzipien und Methoden der Projektarbeit, insbesondere von Scrum, auf Lernprozesse. Leitend sind hierbei etwa Werte wie Selbstorganisation und Eigenverantwortung der Lernenden.
32 Vgl. Faller et al., 2020.
33 Lave, 1991; Wenger, 2000.
34 North/Romhard/Probst, 2000.
35 Vgl. Jungclaus/Schaper, 2021.

4.3 Workplace-Learning in einer digitalisierten Arbeitswelt

Aktuell werden diese selbstorganisierten Lerngruppen auch als Online-Communities beschrieben, die im Rahmen des Corporate-Learnings gemeinsam von- und miteinander lernen, um Probleme zu lösen und mithilfe von »Schwarmintelligenz« gemeinsam neue Herausforderungen zu bewältigen, die auch über Organisationsgrenzen hinausgehen können.[36] In einer globalisierten Welt wird die Fähigkeit zur Teamarbeit zwischen Menschen verschiedener Altersgruppen, mit unterschiedlichen Fähigkeiten, Arbeits- und Denkmustern sowie aus verschiedenen Disziplinen zur Norm. In solch diversen Gruppen ist es entscheidend, Verbindungen herzustellen, Unterschiede zu überbrücken und effektiv zusammenzuarbeiten, um erfolgreich zu sein. Bei der digitalen Transformation eines Unternehmens erweist sich die Form des Peer-Learnings als eine besonders wichtige Methode, da es nicht mehr nur darum geht, einmal erworbenes Wissen zu bewahren und zu festigen. Vielmehr ist es für Mitarbeiter und Organisationen entscheidend, flexibel zu bleiben und kontinuierlich dazuzulernen.

Das anhaltende Comeback des informellen Arbeitsplatzlernens gewinnt durch die zunehmende Digitalisierung der Arbeitswelt und den damit einhergehenden charakteristischen Wandel in Lern- und Arbeitsprozessen eine zusätzliche Dynamik. Es entstehen neue Lernformen, indem digitale Formate mit den herkömmlichen Lernansätzen kombiniert werden: »Die erweiterte Realität ist die Normalität der zukünftigen digitalen Arbeitswelt. Der reale Arbeitsplatz wird digital mit mobilen Endgeräten um virtuelle Arbeitsorte erweitert. Das erweiterte Lernen im Prozess der Arbeit verbindet die physische mit der virtuellen Arbeitswelt.«[37]

Vor diesem Hintergrund erfährt das Lernen eine fortschreitende Befreiung von zeitlichen und räumlichen Einschränkungen, wodurch es sich der Beschränkung auf bestimmte Lebensphasen oder formale, institutionalisierte Qualifizierungen entzieht. Die Digitalisierung ermöglicht eine weitgehend zeit- und ortsunabhängige Entgrenzung von Lernprozessen, da der Zugang zu Informationen und Lernressourcen erleichtert wird.[38] Dies führt zwangsläufig zu einer kontinuierlichen Integration von Lernaktivitäten in den Arbeitsalltag, weil sich die Beschäftigten stetig auf neue Arbeitsanforderungen einstellen und in diesem Zusammenhang vermehrt auch digitale Kompetenzen entwickeln müssen, wie es beispielsweise bei der Einführung einer digitalen Patientenakte in Kliniken oder bei digitalisierten Recruiting- und Bewerbungsprozessen offenkundig wird.

---

36 Vgl. Hof et al., 2023.
37 Dehnbostel, 2020.
38 Vgl. Schaper et al., 2023.

4.3.1 Digitales Lernen am Arbeitsplatz im Blended-Learning-Modell

Sowohl für das informelle Lernen als auch in formalen Kontexten der betrieblichen Weiterbildung gewinnen derzeit videobasierte Formate stetig an Bedeutung. Das Ziel liegt dabei nicht vorrangig in der erschöpfenden Darstellung eines Sachverhaltes, sondern vielmehr darin, in kurzer Dauer komplexe Sachverhalte möglichst einfach darzustellen.[39] Forschungsergebnisse belegen die positiven Auswirkungen des Lernens mit Videos sowohl auf kognitive Aspekte wie den Wissenszuwachs als auch auf nicht-kognitive Faktoren wie Motivation und Aufmerksamkeit. Dass die Nutzung von Videos eine förderliche Wirkung auf die Lernleistung hat, ist empirisch belegt. Zum Beispiel wurde in einschlägigen Untersuchungen festgestellt, dass Personen, die Lernvideos verwenden, über ein höheres prozedurales Wissen verfügen im Vergleich zu denen, die sich die Inhalte mithilfe von papierbasierten Unterlagen aneignen.[40]

Mittlerweile haben sich auch Webinare zur Vermittlung von Weiterbildungsinhalten etabliert. Im Webinar findet Lernen ortsunabhängig »live« statt, denn alle Anwesenden befinden sich zeitgleich in einem gemeinsamen digitalen Raum, in dem sie alle das Gleiche hören, sehen und erleben – wie im realen Raum. Deshalb können Webinare einen sehr großen Teilnehmerkreis erreichen und bieten sich daher für Fachvorträge, z. B. zu rechtlichen Regelungen im Homeoffice, an. Während bei Webinaren Raum für Fragen in einem synchronen sozialen Austausch besteht, haben Lernvideos und Podcasts den Vorteil, dass sie zu jeder Zeit und an jedem Ort konsumiert werden können. Hier unterscheidet sich der Zeitaufwand stark. Während Podcasts oft sehr lang sind, sind Lernvideos kompakter und dauern selten länger als 15 Minuten.

In Blended-Learning-Ansätzen der betrieblichen Weiterbildung werden Videos oft systematisch mit Präsenzseminaren verknüpft, um beispielsweise erweiterte Möglichkeiten zur Vor- und Nachbereitung der einzelnen Veranstaltungen zu schaffen. So werden die Lernvideos vorab »asynchron« angeboten und von »synchronen« Webinaren oder herkömmlichen Präsenzveranstaltungen begleitet. In diesen Veranstaltungsformaten mit Schwerpunkt auf herkömmlichen »analogen« sozialen Austauschprozessen, können dann die Inhalte der Lernvideos diskutiert und vertiefende Fragen dazu gestellt werden. In dieser Kombination von asynchronem und synchronem Lernen können einerseits die Vorteile einer flexiblen, zeit- und ortsunabhängigen Verfügbarkeit des Lernens mit Videos genutzt werden, um sie andererseits mit synchronen Formaten zu kombinieren, in denen vermehrt die Möglichkeit besteht, Fragen zu stellen und Theorien zu diskutieren und eine direkte, wechselseitige Interaktion stattfindet. Die Aneignung des Wissens erfolgt dann vorab anhand der Lernvideos und die Diskussion, Anwendung und Vertiefung im Sinne einer transferbezogenen Kompetenzentwicklung in Präsenz oder in Webinaren.

---

39 Vgl. Zander/Behrens/Mehlhorn, 2020.
40 Vgl. Lloyd/Robertson, 2012.

Zusammenfassend lässt sich festhalten: Anwendungsmöglichkeiten digitaler Lernformate im Workplace-Learning erstrecken sich über sämtliche Hierarchieebenen und Funktionsbereiche. Eine sinnvolle Option besteht darin, digitale Formate mit traditionellen Präsenz-Weiterbildungsformaten zu kombinieren. Dabei werden digitale Medien gezielt mit Präsenzseminaren verknüpft, um erweiterte Möglichkeiten für die Vor- und Nachbereitung der Veranstaltungen zu bieten. Durch viele digitale Tools haben Lernende die Freiheit, ihre Lerngeschwindigkeit und den Zeitpunkt des Lernens selbst zu bestimmen, die Reihenfolge der Module auszuwählen und die Inhalte nach Bedarf wiederholt zu durchlaufen. Zahlreiche Tools bieten auch Tests an, um den Lernfortschritt für die Mitarbeiterinnen bzw. Mitarbeiter sowie die Vorgesetzten transparent zu machen und zu dokumentieren.

4.3.2 Digitales Workplace-Learning mit audiovisuellen Formaten

In einer zunehmend digitalisierten Welt bieten digitale Medien eine Vielzahl von Möglichkeiten, auf Lernressourcen zuzugreifen und Lernangebote zu nutzen. Insbesondere audiovisuelle Medien wie Videos oder Podcasts sind heutzutage unverzichtbare Elemente im Bildungssystem. Plattformen wie YouTube, Facebook und Instagram haben Videos fest in die digitale Kommunikation integriert. Neben YouTube sind sie auch vermehrt auf anderen Videoportalen wie Mediatheken, Bildungsservern und in Online-Kursen zu finden. Unternehmen setzen vermehrt sogenannte Video-Tutorials im Bereich der »Customer Education« ein, um herkömmliche Handbücher zu ersetzen, sei es für einfache Aufgaben wie den Akkuwechsel beim Smartphone oder für umfangreichere Gebrauchsanweisungen. Für praktisch jedes Thema existieren nicht nur ein oder einige wenige Videos, sondern oft eine breite Palette unterschiedlich gestalteter Produktionen. Diese Vielfalt birgt ein enormes Potential: Falls der Erklärstil, die präsentierende Person, die Beispiele oder das erforderliche Vorwissen in einem Video nicht optimal passen, haben Lernende die Möglichkeit, auf alternative digitale Erklärangebote zurückzugreifen. Das scheinbar unkontrollierte Überangebot ermöglicht somit »personalisiertes Bildungsfernsehen«, wobei der Faktencheck den Nutzerinnen und Nutzern bzw. der Community überlassen bleibt.[41]

4.3.3 Didaktische Prinzipien beim Lernen mit Videos am Arbeitsplatz

Lernvideos zeichnen sich durch Eigenschaften aus, die sich für eine anschauliche Präsentation von Informationen nutzen lassen. Die Nutzung dieses Mediums zum Lernen ist jedoch mit spezifischen Anforderungen verbunden und sollte einige didaktische Prinzipien berücksichtigen.

---

41 Vgl. Dorgerloh/Wolf, 2020.

Flexibilität und Kontrolle durch Lernende

Betriebliches Lernen in analogen Präsenzformaten und Webinaren hat den Vorteil, dass eine direkte Interaktion mit den Lernenden stattfinden kann. Fragen können sofort gestellt und beantwortet werden. Allerdings sind der Veranstaltungszeitpunkt und der zeitliche Rahmen festgelegt, was für die Teilnehmer Einschränkungen bedeuten kann. Oft müssen sie nicht nur ihren Arbeitsplatz verlassen, sondern auch den Dienstplan umorganisieren und eventuell für Vertretung sorgen. Im Gegensatz dazu bieten asynchrone Videos die Möglichkeit, Inhalte zu einem selbstgewählten Zeitpunkt anzusehen, zu unterbrechen oder in Segmente aufzuteilen. Ein Nachteil von Videos ist, dass die Informationen fluide sind und somit hohe Anforderungen an die kognitive Verarbeitung stellen.

Jedoch eröffnen Videos für Menschen mit körperlichen oder kognitiven Einschränkungen einen weitgehend barrierefreien Zugang zum Lernen. Durch das asynchrone Format können sie bei Bedarf nicht nur ortsunabhängig auch von zuhause, sondern sogar wiederholt konsumiert werden, um die Lerninhalte besser zu erfassen. Zudem bietet die Möglichkeit, die Abspielgeschwindigkeit zu variieren, die Option, eine nach eigenen Lernbedürfnissen optimale Sprechgeschwindigkeit individuell einzustellen. Videos können zudem sinnvoll in thematische Segmente aufgeteilt werden, um im Sinne des Mikro-Lernens jeweils ein spezifisches Thema zu behandeln. Dies erleichtert den Lernenden häufig, die inhaltliche Struktur besser nachzuvollziehen.

Die Sichtbarkeit der Lehrperson

Bei der Erstellung von Videos für Lernzwecke stellt sich die Frage, ob nur die Präsentationsfolien sichtbar sein sollen oder auch die Lehrperson eingeblendet wird. Für das Einblenden der Lehrperson spricht, dass die Sichtbarkeit der lehrenden oder erklärenden Person einen zusätzlichen sozialen Hinweisreiz setzt und dadurch sowohl die Motivation der Lernenden als auch deren Lernerfolg positiv beeinflusst. Im Blick darauf kann die sozialkognitive Lerntheorie von Albert Bandura[42] herangezogen werden. Bandura postulierte, dass Beobachterinnen und Beobachter ein kognitives Schema des Verhaltens eines Modells erwerben, welches es ihnen erlaubt, das beobachtete Verhalten zukünftig selbst auszuführen. Ein Prinzip das bereits im Kontext des erfahrungsbasierten, informellen Lernens durch Beobachten und Nachahmen als wirksam beschrieben wurde. Der Kompetenzerwerb durch das »Lernen am Modell« setzt Aufmerksamkeit und Gedächtnisprozesse während des Betrachtens des Modells voraus. Für eine erfolgreiche Ausführung der Tätigkeit (Performanz) sind sowohl kognitive Fähigkeiten als auch motivationale Aspekte hilfreich. Insbesondere solche Lernvideos, die eine vollständige Handlung darlegen oder eine explizite Aufforderung zum Nachahmen sowie Praxistransfers beinhalten, ermöglichen ein »Modell-Lernen«.

---

42 Vgl. Bandura, 1977.

Lernen am Arbeitsplatz ist eine Voraussetzung für nachhaltiges Personalmanagement

Nachhaltiges Erfahrungslernen spielt eine entscheidende Rolle in der Entwicklung von lernenden Organisationen, die sich dynamisch an veränderte Marktbedingungen anpassen können. Diese Form des Lernens ermöglicht es Mitarbeiterinnen und Mitarbeitern, durch direkte Erfahrungen Fähigkeiten zu entwickeln und Wissen zu erlangen, das leicht in neue Arbeitskontexte integriert werden kann. Durch den Prozess des Erfahrungslernens werden nicht nur individuelle Fähigkeiten verbessert, sondern auch eine offene und kooperative Arbeitskultur gefördert. Dies trägt dazu bei, dass Organisationen flexibel bleiben und kontinuierlich Innovationen vorantreiben können, um den sich ständig ändernden Anforderungen des Marktes gerecht zu werden. Insgesamt ist nachhaltiges Erfahrungslernen ein wesentlicher Bestandteil des Erfolgs von Organisationen, die sich aktiv darauf konzentrieren, kontinuierlich zu lernen und sich weiterzuentwickeln.

Zusammenfassend lässt sich feststellen: Die genauen Auswirkungen der digitalen Transformation auf individueller, gesellschaftlicher, organisationaler und technologischer Ebene sind zum aktuellen Zeitpunkt schwer vollständig vorhersehbar. Es ist jedoch offensichtlich, dass die verstärkte Nutzung digitaler Medien das betriebliche Lernen weiterhin nachhaltig verändern wird. Die steigende Komplexität des digitalisierten betrieblichen Lernens stellt die Berufs- und Betriebspädagogik vor neue Herausforderungen und betont gleichzeitig die zunehmende Bedeutung individueller, unterstützender und vernetzter Lernprozesse. Die bisherige Praxis, betriebliches Lernen an räumlich und zeitlich getrennte Lernorte auszulagern, stößt damit an ihre Grenzen, da Lernen vermehrt am Arbeitsplatz und parallel zu Arbeitsprozessen stattfindet. Insbesondere bei den genannten Formaten des digitalen Workplace-Learning treten die erfahrungsbasierten, informellen, selbstorganisierten und sozialen Dimensionen des betrieblichen Lernens wieder auf einer ganz neuen Bühne in Erscheinung und können als eine mögliche Antwort auf die umfassende und rasante Transformation der Arbeitswelt verstanden werden. Daher ist es von entscheidender Bedeutung, die sich entwickelnde Dynamik dieser neuen Lernumgebung weiterhin genau zu untersuchen und entsprechende Anpassungen vorzunehmen.

Literaturverzeichnis

Albrecht, Arnd (2020), Arbeitswelt 4.0, in: Lutz von Rosenstiel/Erika Regnet/Michael E. Domsch (Hg.), Führung von Mitarbeitern. Handbuch für erfolgreiches Personalmanagement (8. Aufl.), Stuttgart: Schäffer-Poeschel, 666–835.

Angeli, Mag M (2018), Generationen-Management und Mitarbeiterbindung, in: Gruppe. Interaktion. Organisation. Zeitschrift für Angewandte Organisationspsychologie (GIO) 49, 347–359.

Aust, Ina/Matthews, Brian/Muller-Camen, Michael (2020), Common Good HRM: A paradigm shift in sustainable HRM?, in: Human Resource Management Review 30; https://doi.org/10.1016/j.hrmr.2019.100705.

Bandura, Albert (1977), Self-efficacy: Toward a unifying theory of behavioral change, in: Psychological Review 84, 191–215.

Bardt, Hubertus (2012), Nachhaltigkeit ist erwachsen geworden, in: Institut der deutschen Wirtschaft Köln (Hg.), Auf dem Weg zu mehr Nachhaltigkeit. Erfolge und Herausforderungen 25 Jahre nach dem Brundtland-Bericht, Köln: Institut der deutschen Wirtschaft, 115–124.

Baumgartner, Peter (2014), Lernen in Häppchen. Micro Learning als Instrument der Personalentwicklung, in: Personalmanager (1), 20–22.

Dehnbostel, Peter (2007), Lernen im Prozess der Arbeit, Münster: Waxmann.

Dehnbostel, Peter (2016), Informelles Lernen in der betrieblichen Bildungsarbeit, in: Matthias Rohs (Hg.), Handbuch Informelles Lernen, Wiesbaden: Springer.

Dehnbostel, Peter (2020), Lernorte, Lernräume und Lernarchitekturen in der digitalen Transformation der Arbeit, in: Götz Richter (Hg.), Lernen in der digitalen Transformation der Arbeit, Stuttgart: Schäffer-Poeschel, 19–34.

Dorgerloh, Stephan/Wolf, Karsten D. (2020), Lehren und Lernen mit Tutorials und Erklärvideos, Weinheim Basel: Beltz.

Ebner, Martin /Schön, Sandra (2017), Lern- und Lehrvideos. Gestaltung, Produktion, Einsatz, in: Karl Wilbers/Andreas Hohenstein (Hg.), Handbuch E-Learning. Expertenwissen aus Wissenschaft und Praxis – Strategien, Instrumente, Fallstudien, 71. Erg. Lieferung (Oktober 2017), Bielefeld: WBV Media, 1–14.

Ehnert, Ina et. al. (2015), Reporting on sustainability and HRM. A comparative study of sustainability reporting practices by the world's largest companies, in: The International Journal of Human Resource Management 27, 88–108.

Elsholz, Uwe (2021), Betriebliches Lernen in Zeiten digitalisierter Arbeit – Analyse- und Gestaltungsperspektiven, in: Dirk Baecker/Uwe Elsholz (Hg.), Parallele Welten der Digitalisierung im Betrieb, Wiesbaden: Springer, 19–39.

Erpenbeck, John (2017), Handbuch Kompetenzmessung. Erkennen, Verstehen und Bewerten von Kompetenzen in der betrieblichen, pädagogischen und psychologischen Praxis, Stuttgart: Schaeffer-Poeschel.

Erpenbeck, John/Sauter, Simon/Sauter, Werner (2016), Social Workplace Learning. Kompetenzentwicklung im Arbeitsprozess und im Netz in der Enterprise 2.0, Wiesbaden: Springer.

Faller, Pierre/Lundgren, Henriette/Marsick, Victoria (2020), Overview: Why and how does reflection matter in workplace learning? Advances in Developing Human Resources 22; https://doi.org/10.1177/1523422320927295

Faulstich, Peter (2013), Menschliches Lernen. Eine kritisch-pragmatistische Lerntheorie, Bielefeld: Transcript.

Fölsing, Jan/Schmitz, Anja (2021), New Work braucht New Learning. Eine Perspektivreise durch die Transformation unserer Organisations- und Lernwelten, Wiesbaden: Springer.

Gairing, Fritz (2017), Organisationsentwicklung. Geschichte – Konzepte – Praxis, Stuttgart: Kohlhammer.

Giesecke, Hermann (1999), Vom Sinn der Bildung, in: ders. (Hg.) Funkmanuskripte, Band 7 (1999–2000), Göttingen: Eigenverlag.

Great Place to Work (2020), Die Arbeitswelt 2020: Mit Vertrauen in eine gute Zukunft [Trendstudie von Great Place to Work]. Verfügbar unter: https://content.www.greatplacetowork.at/studie-arbeitswelt-2020 (Zugriff: 6.2.2024).

Hof, Christiane et al. (2023), Lernen im Kontext von Arbeit – Empirische Einsichten als Ausgangspunkt für pädagogische Konzeptentwicklung, in: Zeitschrift für Weiterbildungsforschung; https://doi.org/10.1007/s40955-023-00251-z.

Hofert, Svenja (2021), Agiler führen. Einfache Maßnahmen für bessere Teamarbeit, mehr Leistung und höhere Kreativität, Wiesbaden: Springer.

Illieris, Knud (2011), Lernen verstehen. Bedingungen erfolgreichen Lernens, Bad Heilbrunn: Klinkhardt.

Jungclaus, Joana/Schaper, Niclas (2021), Agiles Sprintlernen wirkt – aber warum? Theoriegeleitete Analyse der Wirkprinzipien eines Gestaltungsansatzes für arbeitsbezogene Kompetenzentwicklung, in: Gruppe. Interaktion. Organisation. Zeitschrift für Angewandte Organisationspsychologie (GIO) 52, 105–120.

Kauffeld, Simone/Paulsen, Hilko (2018), Kompetenzmanagement in Unternehmen: Kompetenzen beschreiben, messen, entwickeln und nutzen, Stuttgart: Kohlhammer.

Kauffeld, Simone/Grote, Sven (2019), Personalentwicklung, in: Simone Kauffeld (Hg.), Arbeits-, Organisations- und Personalpsychologie für Bachelor (3. Aufl.), Wiesbaden: Springer, 167–210.

Kauffeld, Simone/Albrecht, Arnd (2021), Kompetenzen und ihre Entwicklung in der Arbeitswelt von Morgen: branchenunabhängig, individualisiert, verbunden, digitalisiert? Gruppe. Interaktion. Organisation, in: Zeitschrift für Angewandte Organisationspsychologie (GIO); https://doi.org/10.1007/s11612-021-00564-y.

Kircher, Jacqueline (2021), Learning Experience Design – zur Gestaltung von technologiegestützten Lernerfahrungen mit Methoden der Design-Entwicklung, in: Karl Wilbers/Andreas Hohenstein (Hg.), Handbuch E-Learning. Expertenwissen aus Wissenschaft und Praxis – Strategien, Instrumente, Fallstudien, Köln: Verlag Deutscher Wirtschaftsdienst.

Lave, Jean (1999), Situated Learning in Communities of Practice, in: Lauren B. Resnick et al. (Hg.), Perspectives on socially shared cognition, Washington DC: American Psychological Association, 63–82.

Lester, Stan/Costley, Carol (2010), Work-based learning at higher education level: value, practice and critique. Studies in Higher Education 35, 561–575.

Lloyd, Steven A./Robertson, Chuck L. (2012), Screencast tutorials enhance student learning of statistics, in: Teaching of Psychology 39, 67–71.

Mölders, Tanja/Burandt, Annemari/Szumelda, Anna (2012), Herausforderung Nachhaltigkeit. Sozial-ökologische Orientierungen für die Entwicklung ländlicher Räume, in: Europa Regional, 18.2010 (2-3), 95–106.

Müller-Camen, Michael/Wagner, Marcus/Breitenfeld, Valerie (2020), Green HRM. Mit nachhaltiger Personalarbeit Unternehmen voranbringen, in: personal manager, online: https://personal-manager.at/green-hrm/ (Zugriff: 03.05.204).

Mertens, Dieter (1974), Schlüsselqualifikationen. These zur Schulung für eine moderne Gesellschaft, in: Mittelungen aus der Arbeitsmarkt- und Berufsforschung, Bd. 7, Stuttgart: Kohlhammer.

North, Klaus/Romhardt, Kai/Probst, Gilbert (2000), Wissensgemeinschaften – Keimzellen lebendigen Wissensmanagements; online: https://enbiz.de/wmk/papers/public/Wissensgemeinschaften.pdf.

Osztovics, Selina/Schnabel, Florian/Gollner, Erwin (2023), Betriebliches Gesundheitsmanagement. Ein Beitrag zur nachhaltigen Unternehmenspolitik unter Berücksichtigung von ESG-Kriterien, in: Das Gesundheitswesen 4, 252f.

Reidel, Johannes (2010), Erfolgreich oder ruinös? Transnationale Unternehmen und nachhaltige Entwicklung – kritische Reflexion aus menschenrechtlicher Perspektive, München: Oekom.

Richter, Götz (Hg.) (2020), Lernen in der digitalen Transformation. Wie arbeitsintegriertes Lernen in der betrieblichen Praxis gelingt, Stuttgart: Schäffer-Poeschel.

Sauter, Werner/Sauter, Simon (2014), Workplace Learning. Integrierte Kompetenzentwicklung mit kooperativen und kollaborativen Lernsystemen, Wiesbaden: Springer.

Sauter, Roman/Sauter, Werner/Wolfig, Roland (2018), Agile Werte- und Kompetenzentwicklung. Wege in eine neue Arbeitswelt, Wiesbaden: Springer Gabler.

Sauter, Werner/Scholz, Christina (2015), Kompetenzorientiertes Wissensmanagement: gesteigerte Performance mit dem Erfahrungswissen aller Mitarbeiter, Wiesbaden: Springer.

Schaper, Niclas/Decius, Julian/Kauffeld, Simone (2023), Formen und Bedingungen des arbeitsbezogenen Lernens in einer sich dynamisch wandelnden Arbeitswelt, in: Zeitschrift für Angewandte Organisationspsychologie (GIO) 54, 281–287.

Schaper, Niclas (2021), Lernförderliche Arbeitsgestaltung und selbstgesteuertes Lernen in der Arbeit – Stand der Forschung und Entwicklung, in: Götz Richter (Hg.), Arbeit und Altern. Eine Bilanz nach 20 Jahren Forschung und Praxis, Baden-Baden: Nomos, 355–386.

Schermuly, Carsten C. (2021), New Work – gute Arbeit gestalten: psychologisches Empowerment von Mitarbeitern, Freiburg: Haufe.

Schön, Sandra/Ebner, Martin/Schön, Martin/Haas, Maria (2017), Digitalisierung ist konsequent eingesetzt ein pädagogischer Mehrwert für das Studium. Thesen zur Verschmelzung von analogem und digitalem Lernen auf der Grundlage von neun Fallstudien, in: Christoph Igel (Hg.), Bildungsräume. Proceedings der 25. Jahrestagung der Gesellschaft für Medien in der Wissenschaft, 5. bis 8. September 2017 in Chemnitz (Medien in der Wissenschaft 72), Münster/New York: Waxmann, 11–19.

Schreyögg, Georg/Eberl, Martina (2015), Organisationale Kompetenzen. Grundlagen, Modelle, Fallbeispiele, Stuttgart: Kohlhammer.

Seufert, Sabine (2011), Informelles Lernen. Wie Sie mit Social Media eine innovative Lernkultur schaffen, in: Zeitschrift Führung + Organisation 80, 299–305.

Seufert, Sabine (2013), Bildungsmanagement. Einführung für Studium und Praxis, Freiburg: Schäffer-Poeschel.

Seevaratnam, Vijayakumari, et al. (2023), Design thinking-learning and lifelong learning for employability in the 21st century, in: Journal of Teaching and Learning for Graduate Employability 14, 167–186.

Severing, Eckart (1996), Arbeitsplatznahe Weiterbildung, in: Karlheinz Geißler/Georg von Landsberg/Manfred Reinartz (Hg.), Handbuch Personalentwicklung und Training, 40. Lieferung, Köln: Deutscher Wirtschaftsdienst.

Sonntag, Karlheinz/Stegmaier, Ralf (2007), Arbeitsorientiertes Lernen. Zur Psychologie der Integration von Lernen und Arbeit, Stuttgart: Kohlhammer.

Teece, David J. (2007), Explicating dynamic capabilities: the nature and microfoundations of (sustainable) enterprise performance, in: Strategic Management Journal 28; https://doi.org/10.1002/smj.640.

Thijssen, Thomas (2014), Workplace learning to create social quality. in: Journal of Workplace Learning, 26, 444–461.

Tynjälä, Päivi (2008), Perspective into learning in the workplace. in: Educational Research Review 3, 130–154.

Vogt, Markus (2009), Prinzip Nachhaltigkeit. Ein Entwurf aus theologisch-ethischer Perspektive, München: oekom.

Wenger, Etienne C./Snyder, William M. (2000), Communities of Practice: The organizational frontier, in: Harvard Business Review; online: https://hbr.org/2000/01/communities-of-practice-the-organizational-frontier (Zugriff: 3.5.2024).

Wolf, Karsten D. (2015), Video-Tutorials und Erklärvideos als Gegenstand, Methode und Ziel der Medien- und Filmbildung, in: Anja Hartung et al. (Hg.), Filmbildung im Wandel, Bd. 2, Wien: New Academic Press, 121–131.

Wolf, Karsten D./Kratzer, Verena (2015), Erklärstrukturen in selbsterstellten Erklärvideos von Kindern, in: Kai-Uwe Hugger et al. (Hg.), Jahrbuch Medienpädagogik 12, Wiesbaden: Springer., 29–44.

Winde, Mathias/Klier, Julia (2021), Future Skills 2021. 21 Kompetenzen für eine Welt im Wandel. Diskussionspapier 3, in: Stifterverband für die Deutsche Wissenschaft e. V. Stifterverband (Hg.), Berlin; online: https://www.stifterverband.org/medien/future-skills-2021 (Zugriff: 19.2.2024).

Zander, Steffi/Behrens, Anne/Mehlhorn, Steven (2020), Erklärvideos als Format des E-Learnings, in: Helmut Niegemann/Armin Weinberger (Hg.), Lernen mit Bildungstechnologien. Konzeption und Einsatz digitaler Lernumgebungen, Wiesbaden: Springer.

Resilienz oder Empowerment?
Spiritualitätstheologische und religionspädagogische Perspektiven auf die (ökologische) Krise[1]

Claudia Gärtner

Resilienz gilt als erstrebenswerte Eigenschaft, die Individuen und Gesellschaften befähigt, in Krisen zu bestehen bzw. diese zu bewältigen. Religion bzw. Spiritualität wird dabei oftmals Potential zugesprochen, Menschen Resilienz zu verleihen. Da Resilienz angesichts der ökologischen Krise gegenwärtig dringend notwendig erscheint, könnten hieraus religiöse Bedarfe entstehen und religiösen Akteur*innen sichtbare Relevanz verleihen. Spiritualität führe zu einem emotionalen Gleichgewicht. Sie helfe, das Selbst und die Welt »gelassen« wahrzunehmen und hierdurch Kraft zu schöpfen, um Krisen zu bewältigen. »Im Zusammenhang mit Resilienz sind Meditation und im weitesten Sinne spirituelle Praxis vor allem dann bedeutend, wenn sie kontinuierlich trainiert werden und sich dadurch langfristig eine gelassene, weise Auffassung des eigenen Selbst und der Welt einstellt.«[2] In diesem Sinne stellen Religionen Erklärungsmuster und Rituale bereit, um mit Verlust, Leid, Niederlagen und Katastrophen umzugehen.

Es soll nicht bestritten werden, dass Resilienz notwendig ist, gleichwohl ist es ein ambivalentes Konzept, von dem sich Religionen nicht vorschnell einnehmen lassen sollten. Denn Resilienz zielt auf die konstruktive individuelle Bewältigung der Krise, jedoch nicht auf deren Ursachen und die strukturelle Vermeidung der Krise ab. Damit geht einher, dass Resilienzstrategien in der Regel Krisen individualisieren oder regionalisieren. Anstatt die Ursachen (z. B. für Überschwemmungen, Hitze, Artensterben etc.) gesellschaftlich oder global zu bekämpfen, wird die Last der Bearbeitung auf die jeweiligen Individuen oder lokalen Strukturen (Städte, Bauernschaften usw.) übertragen. Damit wird die Verantwortung für die Krise von den Verursachern hin zu den – resilienten – Opfern verschoben. Damit geht oftmals eine soziale Schieflage und Ungerechtigkeit einher, da die Verursacher von Krisen (z. B. fossile Energielobby, multinationale Konzerne, reicher globaler Norden) in der Regel resilienter sind als die oftmals ärmeren Opfer.

Wenn Religion oder religiöse Bildung einen Beitrag zur Resilienz leisten wollen, dann sind diese Ambivalenzen mitzudenken, erst recht mit Blick auf die Botschaft Jesu. In deren Zentrum steht gerade nicht die individuelle Anpassung an eine oder

---

1 Ausführlich werden die folgenden Gedanken entfaltet in: Bederna, Katrin/Gärtner, Claudia, Resilienz in der Klimakrise? Problemanzeige, Alternative und Bedeutung des Glaubens, https://www.euangel.de/ausgabe-1-2021/resilienz/resilienz-in-der-klimakrise/ (Zugriff: 9.4.2024).
2 Fathi, 2019, 32f.

der spirituelle Umgang mit einer Krise, sondern Jesus verkündigt die Reich-Gottes-Botschaft, die ein gutes, gerechtes Leben für alle verheißt. Aus theologischer Perspektive sind wir »aufgefordert, uns nicht anzupassen und abzufinden mit der Welt, in der wir leben, sondern im Gegenteil darauf zu bestehen, dass wir sie verändern können [...]. Und wir sind und bleiben aufgefordert, Strukturen und Machtverhältnisse, die Lebensgrundlagen zerstören und Ausbeutung, Ausgrenzung und Angst befördern, als das zu begreifen, was sie sind: nicht ontologisch, sondern menschengemacht.«[3]

(Religions-)pädagogisch hat sich daher der Begriff des *Empowerments* etabliert.[4] Er bezeichnet sowohl die individuelle Widerstandsfähigkeit in Krisen als auch die Kraft zur Kritik, zum Aufstand gegen ungerechte Strukturen und zum Einsatz für (sozial-ökologische) Transformationen. Es gilt daher zu fragen, welchen Beitrag Spiritualität und Religion für ein solches Empowerment leisten können. Kurz: Es geht um das, was Johann Baptist Metz unter der Einheit von Mystik und Politik verstand.[5]

Wie kann Religion zu einem solchen Empowerment beitragen? Das Christentum besitzt inhaltliche und strukturelle Dimensionen, die empowernd wirken können. So ist christliche Spiritualität gerade nicht ausschließlich auf individuelles Wohlergehen angesichts von Krisenerfahrungen ausgerichtet, sondern stets auch auf die Gemeinschaft aller Gläubigen verwiesen. Sie weiß sich räumlich verbunden mit den Menschen weltweit und sieht sich zugleich in der Tradition des Christentums verortet. Christliche Spiritualität speist sich aus vielfältigen Narrationen, Symbolen, Riten, biblischen Texten, die gerade in der ökologischen Krise auf Umkehr und veränderte Praktiken zielen können. So lädt z. B. eine schöpfungstheologisch geprägte Spiritualität ein zum Lob, zum Dank und zur Freude an der Schöpfung. Zugleich fordert die christliche Tradition prophetisch auf zur Bewahrung der Schöpfung und zur Kritik an deren Zerstörung. Die Vorstellung der Alterität Gottes sensibilisiert uns dafür, dass die Welt, so wie sie ist, nicht alles und nicht alternativlos ist. Vielmehr eröffnet die Botschaft vom Reich Gottes Perspektiven für ein gutes, gerechtes Leben der gesamten Schöpfung mit allem, was in ihr lebt. Christliches Empowerment stärkt somit nicht nur spirituell das Individuum angesichts der Herausforderungen der Klimakrise. Es befähigt und ermutigt zum politisch-aktiven Handeln.

Religiöse Bildung im schulischen Religionsunterricht besitzt ebenfalls den Auftrag, Heranwachsende in diesem Sinne zu stärken, »weil die Schule sich nicht zufrieden geben kann mit der Anpassung des Schülers an die verwaltete Welt und weil der Religionsunterricht auf die Relativierung unberechtigter Absolutheitsansprüche angelegt ist, auf Proteste gegen Unstimmigkeiten und auf verändernde Taten«.[6] Dabei darf es – im Sinne des Beutelsbacher Konsens[7] – jedoch nicht zu einer (spiri-

---

3 Graefe, 2019, 195f.
4 Vgl. UNESCO/UNFCC, 2016; Domsgen, 2019, 343–375.
5 Vgl. Metz, 1986.
6 Sekretariat der Deutschen Bischofskonferenz, 1976, Abs. 2.3.4.
7 Vgl. Widmaier, 2016.

tuellen oder politischen) Überwältigung oder gar zur Missionierung von Schülerinnen und Schülern kommen. Um diesen Spagat, religiöses Empowerment sowie spirituelles und politisches Handeln auf der einen Seite und Überwältigungs- bzw. Missionierungsverbot auf der anderen Seite, zu meistern, hat der sogenannte Schwerter Konsent[8] sechs religionspädagogische Prinzipien (3k3p) entworfen: Demnach soll eine politisch orientierte religiöse Bildung kontrovers, kritisch, konstruktiv, positionell, partizipatorisch und praktisch sein, um den Menschen zu stärken und die Welt zu verändern.

Literaturverzeichnis

Domsgen, Michael (2019), Religionspädagogik. Leipzig: Evangelische Verlagsanstalt.
Fathi, Karim (2019), Resilienz im Spannungsfeld zwischen Entwicklung und Nachhaltigkeit. Wiesbaden: Springer.
Graefe, Stefanie (2019), Resilienz im Krisenkapitalismus. Bielefeld: Transcript.
Herbst, Jan-Hendrik/Gärtner, Claudia/Kläsener, Robert (Hg.) (2023), Der Beutelsbacher Konsens in der religiösen Bildung. Exemplarische Konkretion und notwendige Transformation, Berlin: Wochenschauverlag.
Metz, Johann Baptist (1986), Zeit der Orden? Zur Mystik und Politik der Nachfolge, Freiburg/Basel/Wien: Herder.
Sekretariat der Deutschen Bischofskonferenz (1976), Der Religionsunterricht in der Schule. In: Deutsche Bischofskonferenz (Hg.), Gemeinsame Synode der Bistümer in der Bundesrepublik. Neuauflage. Freiburg/Basel/Wien: Herder, 113–152.
UNESCO/UNFCC (2016), Action for climate empowerment. Guidelines for accelerating solutions through education, training and public awareness: Bonn/Paris.
Widmaier, Benedikt/Zorn, Peter (Hg.) (2016), Brauchen wir den Beutelsbacher Konsens? – Eine Debatte der politischen Bildung. Bonn: Bundeszentrale für politische Bildung.

---

8 Vgl. Herbst/Gärtner/Kläsener, 2023.

Nachhaltige religiöse Bildung
Beobachtungen und Folgerungen am Beispiel des Projekts »Unterwegs in Gottes Welt«

Ralf Fischer

1 Projekt »Unterwegs in Gottes Welt«

Das Projekt »Unterwegs in Gottes Welt« wurde 2014 von der Lippischen Landeskirche, der Evangelischen Kirche im Rheinland und der Evangelischen Kirche von Westfalen ins Leben gerufen. Die Landeskirchen hatten beschlossen, die Schulen und die Kirchengemeinden bei der Einschulung von Schülerinnen und Schülern in das 1. und in das 5. Schuljahr zu unterstützen. Dabei sollte dem Rechnung getragen werden, dass die Einschulungsgottesdienste als neue Kasualien in vielen Gemeinden zu den besonders gut besuchten Gottesdiensten gehören.[1] Darüber hinaus war es das Ziel der beteiligten Landeskirchen, den Schülerinnen und Schülern einen Gruß »ihrer« Kirche zukommen zu lassen, der sie in der Schulzeit (und darüber hinaus) begleiten soll. Dieser Gruß sollte nicht nur in einem Text oder einem Zuspruch bestehen, sondern in einem konkreten Geschenk, dass symbolisch den Weg durch die Schulzeit begleitet.

Damit dies geschieht, war es den beteiligten Landeskirchen wichtig, das Projekt nachhaltig anzulegen. Das sollte dadurch gewährleistet werden, dass im Projekt idealerweise eine Verbindung von Einschulungsgottesdiensten und Religionsunterricht hergestellt wird. Das Material, das im Gottesdienst genutzt und den Schülerinnen und Schülern geschenkt wird, sollte dann im Religionsunterricht der ersten Wochen des Schuljahres aufgenommen und vertiefend weitergeführt werden.

Der aktuelle Stand des Projektes ist auf der Projekthomepage zu sehen.[2] Bisher wurden folgende Materialien und Inhalte im Rahmen des Projektes ausgearbeitet und verteilt:

Für die Einschulung in der Grundschule geht es jeweils um ein Buch mit guten Bildern und möglichst wenig Text, das stabil gebunden und haltbar sein soll. Während anfangs auf Bücher zu Liedern zugegangen wurde, gab es dann auch thematische Bücher:

---

[1] Vgl. Grethlein, 2016, 409.584: Hier stellt Grethlein besonders die Verbindung von Einschulungsgottesdiensten und Tauferinnerung heraus, was angesichts der oft teilnehmenden ungetauften Schülerinnen und Schüler kritisch in den Blick genommen werden muss, weil leicht der Ausschluss der (Noch-)Nicht-Getauften anklingen kann. Aber natürlich ist Grethlein darin zuzustimmen, dass die Segenssymbole im Zusammenhang mit der Taufe auch für den Schulanfang ihre Bedeutung entfalten können.
[2] Vgl. www.unterwegs-in-gottes-welt.de (Zugriff: 12.5.2024).

- 2015/16: Buch zum Lied: »Halte zu mir, guter Gott«.
- 2017/18: Buch zum Lied: »Gott gab uns Atem, damit wir leben«.
- 2019/20: Buch zum Thema: »Hat Jesus Fußball gespielt?«
- 2021/22: Buch mit dem Titel: »Pudel, Pauken und ein Plan« (ein ABC-Buch mit vielen Musik-Instrumenten).
- 2023/24: Buch zum Lied: »Halte zu mir, guter Gott« (Überarbeitung eines bekannten Buches).

Für die Einschulung in die weiterführende Schule stand jeweils ein thematisch verankertes Give-away im Mittelpunkt:

- 2016/17: »Ich pack's. Mit Vertrauen neue (Schul-)Wege gehen«. Dazu gab es Rucksäckchen mit einem Edelstein, Segens- und Mutmachkärtchen; Bezugstext war das Buch Rut.
- 2018/19: »Ich bin mehr ... Wachsen unter Gottes Segen«. Dazu gab es einen Blumentopf mit Erde und Samen zum Heranziehen von Sonnenblumen. Bezugstext waren die Wachstumsgleichnisse im Neuen Testament.
- 2020/21: »Ich hab's drauf. Talente leben«. Dazu gab es ein von einem gedrechselten Ring abgeschlagenes Talentsäckchen. Bezugstext war das Gleichnis von den anvertrauten Talenten.
- 2022/23: »Unermesslich großartig«. Dazu gab es einen Gliedermaßstab, mit dem Symbole gestaltet werden können. Bezugstext war Psalm 145, wodurch verdeutlicht wurde, dass von Gott symbolisch geredet werden muss und dass es mehr gibt, als man messen kann.

2 Nachhaltigkeit: Inhaltliche Relevanz, finanzielle Absicherung und religionspädagogische Grundierung

Die Relevanz des Inhaltes für die Schülerinnen und Schüler wird durch die Aufnahme ihrer aktuellen Lebenssituation gewährleistet: die Einschulung in der neuen Schule, verbunden mit vielen Erwartungen, Hoffnungen und Neugier, aber vielleicht auch mit Befürchtungen und Sorgen. Durch die Verbindung von kognitiven und erfahrungsbezogenen Lernschritten und das Ansprechen von möglichst vielen Sinnen im Gottesdienst und im sich anschließenden Unterricht wird der inklusive Charakter des Materials gewährleistet. Schließlich sollte das Material es ermöglichen, auch im weiteren Verlauf des Unterrichts und der Schullaufbahn auf die Inhalte zurückzugreifen, um im Sinne eines Spiralcurriculums für Wiederholung und Vertiefung zu sorgen.

Um vielen Schulen und Gemeinden die Umsetzung dieses Konzeptes zu ermöglichen, ist es den beteiligten Landeskirchen wichtig, dass die Kosten komplett aus den Landeskirchenhaushalten getragen werden und nicht von den Gemeinden oder Schulen aufgebracht werden müssen. Dazu waren für das erste Projektjahr, in dem zunächst nur ein Angebot für die Einschulung in die Grundschule gemacht wurde,

Projektmittel in Höhe von 30.000 Euro veranschlagt, ab dem zweiten Jahr, in dem auch ein Material für die Einschulung in die 5. Klasse der weiterführenden Schulen angeboten wurde, in Höhe von 60.000 Euro. Inzwischen ist das Budget auf 80.000 Euro angehoben worden. Die Steuerungsgruppe des Projektes besteht nach wie vor aus Vertreterinnen und Vertretern der beteiligten Landeskirchen, Mitarbeiterinnen bzw. Mitarbeitern der für Religionspädagogik und Fortbildung für Lehrkräfte zuständigen Institute und Personen aus der Öffentlichkeitsarbeit. Für die Materialien zur Einschulung in die 1. Klasse bot sich die Zusammenarbeit mit dem Evangelischen Literaturportal (ELIPORT) an, weil dort bereits ein Angebot zur Einschulung in Gestalt eines Bilderbuches mit Materialien für Unterricht und Gottesdienst im Rahmen des Projektes »Lesen in Gottes Welt« erstellt worden war. Diese Zusammenarbeit hat sich bewährt und wird fortgesetzt. Nach wie vor sind die religionspädagogischen Mitarbeiterinnen und Mitarbeiter des Projektes »Unterwegs in Gottes Welt« an der Erstellung der ELIPORT-Materialien beteiligt. Die Materialien zur Einschulung in das 5. Schuljahr werden aber allein von den drei beteiligten Landeskirchen erstellt und vertrieben. Aus Gründen der Arbeitsökonomie werden die Materialien jeweils in zwei aufeinander folgenden Jahren genutzt, so dass in jedem Jahr nur ein Material – für die Einschulung in die Grundschule oder in die weiterführende Schule – neu entwickelt werden muss.

Damit Bildung wirksam gestaltet werden kann, sind nach Erkenntnissen der Bildungsforschung eine Reihe von Kriterien zu beachten. Es geht u. a. darum,

- an Merkmalen der Tiefenstruktur anzusetzen und so dazu beizutragen, dass die Inhalte nicht an der Oberfläche bleiben,
- selbstgesteuertes Lernen von Schülerinnen und Schülern zu ermöglichen,
- eine inhaltliche Fokussierung zu leisten, indem die Tiefenstrukturen eines Inhalts in den Blick genommen werden und die Lernentwicklung sichtbar gemacht wird,
- Wirksamkeitserleben zu fördern,
- die Kooperation zwischen den Lehrenden und den Lernenden und zwischen den Lernenden untereinander zu stärken,
- Wissen zu erwerben, Handeln zu erproben und Erfahrungen zu reflektieren,
- für Feedback und Coaching in den Lernprozessen zu sorgen,
- angemessene Zeit zur Verfügung zu stellen und einen angemessenen Zeitpunkt für die Bearbeitung eines Inhalts zu wählen und
- durch Praxisbezug den Nutzen und die Relevanz der Bildungsinhalte zu verdeutlichen.[3]

Aus religionspädagogischer Sicht fordert Friedrich Schweitzer,

- »fruchtbare«, lebensbezogene und authentische Begegnungen der Lernenden mit den Inhalten und Themen zu ermöglichen,

---

3 Vgl. dazu Lipkowsky/Rzejak, 2021.

- die Bezugnahme auf die Erfahrungen, Wahrnehmungen, Lernmöglichkeiten und -bedürfnisse der Lernenden,
- die Möglichkeit, dass die Lernenden das Lerngeschehen mitbestimmen, ihre Fragen einbringen und sich an der Vorbereitung beteiligen und
- dass die Lernenden miteinander und mit den Lehrenden oder anderen in ihrem Glauben identifizierbaren Erwachsenen im Dialog über existenziell bedeutsame Wahrheitsfragen stehen.[4]

3 Zur Rezeption des Projektes

Die Projektstatistik[5] zeigt, dass die Nachfrage nach den Materialien vom allgemeinen Trend her immer größer geworden ist. Durchbrochen wurde dieser Trend allerdings durch die Auswirkungen der Corona-Pandemie, wahrscheinlich weil in dieser Zeit die Durchführung von Einschulungsgottesdiensten in Frage gestellt war. Darüber hinaus kann man feststellen, dass beim Grundschulmaterial jeweils im zweiten Jahr des Angebots die Nachfrage auch deutlich reduziert ist. Dass aber die Materialien grundsätzlich gern angenommen werden, wird nicht zuletzt daran deutlich, dass die Bestellfrist immer wieder deutlich vor den Sommerferien beendet werden musste, weil kein Material mehr vorrätig war.

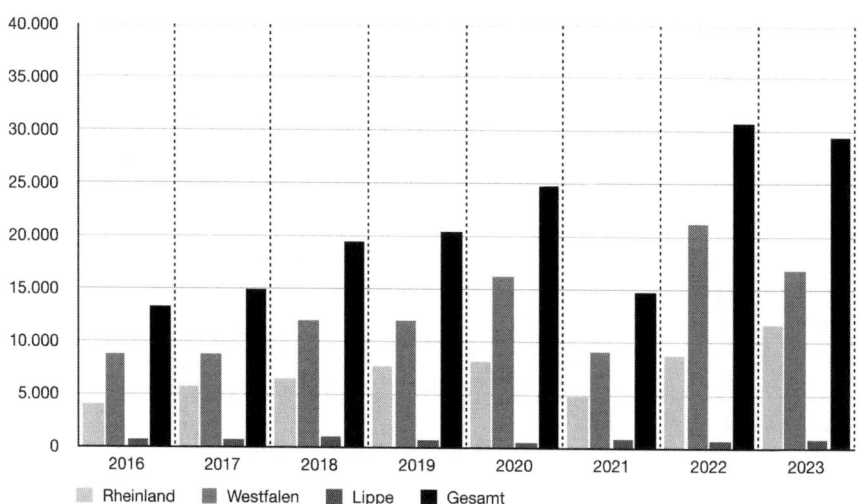

Abbildung 1: Statistik der Bestellungen des Projekts »Unterwegs in Gottes Welt« von 2015 bis 2023 im Bereich Sekundarstufe I (Statistik: R.F.)

---

4 Vgl. Schweitzer, 2003, 9ff.
5 Eigene Berechnung des Autors für die Steuerungsgruppe des Projektes »Unterwegs in Gottes Welt«.

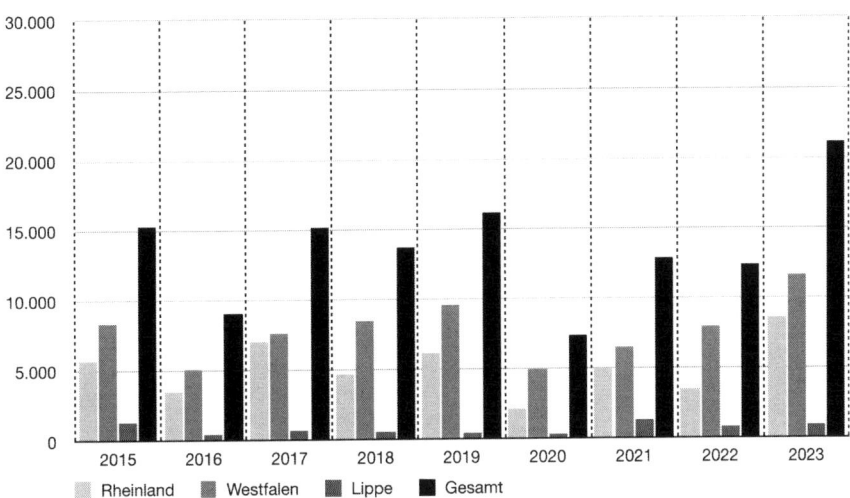

Abbildung 2: Statistik der Bestellungen des Projekts »Unterwegs in Gottes Welt« von 2015 bis 2023 im Bereich Grundschule (Statistik: R.F.)

Die Rückmeldungen aus den Schulen machen deutlich, dass die Materialien bei den Lehrkräften, den Schülerinnen und Schülern gut ankommen. Dass inzwischen erste Jahrgänge auch im Zusammenhang mit der Schulentlassung noch einmal auf die Inhalte aus dem Einschulungsgottesdienst zurückgreifen, macht deutlich, dass die Materialien und deren Erarbeitung in Gottesdienst und Religionsunterricht noch lange nachwirken können.

Es kann also gelingen, dass durch religionspädagogische Impulse, die auf Nachhaltigkeit angelegt sind, religiöse Botschaften – hier die Verheißung des Segens und der Begleitung Gottes in neuen Lebensabschnitten – so im Selbst- und Lebensverständnis verankert werden, dass sie junge Menschen begleiten und ihnen über einen längeren Zeitraum bewusst bleiben. Natürlich ist dadurch nichts über die Bindung an die Institution Kirche gesagt, wohl aber über die Einbettung dieser Botschaft in das Lebenskonzept der jungen Menschen.

Literatur

Grethlein, Christian (2016), Praktische Theologie, 2. Aufl., Berlin/Boston: de Gruyter.
Lipowsky, Frank/Rzejak, Daniela (2021), Fortbildung für Lehrpersonen wirksam gestalten. Ein praxisorientierter und forschungsgestützter Leitfaden, Gütersloh: Gütersloher Verlagshaus.
Schweitzer, Friedrich (2003), Elementarisierung im Religionsunterricht. Erfahrungen, Perspektiven, Beispiele, 3. Aufl., Neukirchen-Vluyn: Neukirchener Verlag.

Verzeichnis der Autorinnen und Autoren

Prof. Dr. theol. Reiner Anselm ist seit 2014 Inhaber des Lehrstuhls für Systematische Theologie und Ethik an der Ludwig-Maximilians-Universität München (LMU). Zuvor war er nach der Promotion und der Habilitation an der LMU seit 2000 Professor in Jena und seit 2001 in Göttingen. Von 2005 bis 2008 war er Gastprofessor am Zentrum für Religion, Wirtschaft und Politik der Universität Zürich. Seine Forschungsschwerpunkte sind die Geschichte der evangelischen Ethik im 20. Jahrhundert sowie die politische und die biomedizinische Ethik. – Publikationen u. a.: *Öffentlicher Protestantismus. Zur aktuellen Debatte um gesellschaftliche Präsenz und politische Aufgaben des evangelischen Christentums* (Theologische Studien NF 4), Zürich 2017; *Differenzierung und Integration. Fallstudien zu Präsenzen und Praktiken eines Öffentlichen Protestantismus*, Tübingen 2020.

Ralf Fischer ist Pfarrer und Dozent am Pädagogischen Institut der Evangelischen Kirche von Westfalen, Lehrbeauftragter für Gemeindepädagogik an der Fachhochschule der Diakonie und an der Diakonenausbildungsstätte Nazareth, sowie Geschäftsführer des Arbeitskreises Gemeindepädagogik e. V.

Prof. Dr. theol. Claudia Gärtner, Studium in Katholischer Theologie, Kunst und Erziehungswissenschaften in Paderborn und Paris; Promotion an der Universität Münster in Systematischer Theologie; mehrjährige Tätigkeit als Studienrätin an einem Gymnasium; Habilitation in Religionspädagogik an der Universität Münster; seit 2011 Professorin für Praktische Theologie an der TU Dortmund; Forschungsschwerpunkte in religiöser Bildung für nachhaltige Entwicklung, Bilddidaktik, fachdidaktischer Entwicklungsforschung und Diagnostik religiöser Bildungsprozesse.

Prof. Dr. Jörg Martens, Pfarrer, Professor für Organisationsentwicklung und Personalmanagement der Fachhochschule der Diakonie in Bielefeld und Prorektor; Studium der Evangelischen Theologie und Pädagogik, Personalmanagement; Promotion in Allgemeiner Pädagogik; Schwerpunkte: Führungskonzepte, Leadership und Potentialdiagnostik, Strategisches Management in der Sozialwirtschaft und in NPO, Eignungsdiagnostik, Talentmanagement und Kompetenzmodelle. – Publikationen u. a. zu Personalentwicklung, Service Design und Candidate Experience.

Andreas Rohnke, Pfarrer der Ev. Kirche von Kurhessen-Waldeck; Master of Arts (Management of Social Organisations); 1982–1990 Studium der Ev. Theologie in Marburg und Berlin (Kirchliche Hochschule und Gaststudium am Sprachenkonvikt in

Ostberlin); 1990–1992 Sonderpädagogische Zusatzausbildung am Institut für Sozialforschung und Betriebspädagogik in Berlin; 1993–1995 Vikariat in Fuldatal-Ihringshausen; 1995–2002 Pfarrer in Erlensee und Seelsorger für Zivildienstleistende; 2002–2013 Jugendpfarrer in Hanau; 2010–2014 berufsbegleitender Masterstudiengang »Management in Sozialen Organisationen« an der Ev. Hochschule Darmstadt; 1998–2014 Vorsitzender der kurhessischen Pfarrvertretung; seit 2013 Theologischer Referent im Dezernat Theologisches Personal und Gemeindeentwicklung der Ev. Kirche von Kurhessen-Waldeck; 2018 Ausbildung zum Arbeitsbewältigungs-Coach. – Publikationen u. a.: *Pfarrberufe heute – Typologien pastoraler Berufsgestaltung. Eine empirisch-theologische Studie zur Ausdifferenzierung des Pfarrberufs* (Empirie und kirchliche Praxis 6), Frankfurt 2009.

Prof. Dr. theol. Markus Schmidt, Pfarrer im Ehrenamt der Ev.-Luth. Landeskirche Sachsens, lehrt Praktische Theologie und Diakoniewissenschaft an der Fachhochschule der Diakonie in Bethel. Zuvor war er 2018–2020 wissenschaftlicher Mitarbeiter am Institut für Praktische Theologie der Theologischen Fakultät der Universität Leipzig. Als Vikar wurde er 2017–2018 an die Ev.-Luth. Christuskirche in Rom entsandt. In seinen Forschungsschwerpunkten bearbeitet er u. a. die Verbindung von Diakonie und geistlichem Leben, eine praktisch-theologische Berufs- und Professionstheorie, Seelsorge und Diakonie in der DDR sowie Fragen der Liturgiewissenschaft. – Publikationen u. a.: als Hg.: *Interprofessionalität in Diakonie und Kirche. Zugänge zu neuen Formen professionellen Handelns* (Bethel-Beiträge 64), Bielefeld 2024; als Hg. zusammen mit Alexander Deeg: *Spiritualität und Gemeinschaft. Zugänge zu geistlichem Leben in Beziehungen*, Darmstadt 2023; als Hg.: *Suizid. Theologisch-diakoniewissenschaftliche Reflexionen*, Darmstadt 2023; *Diakonie als Handlung und Haltung. Das Ecce homo – »Sieh, der Mensch!« – der Diakonie und seine unsichtbaren Hintergründe* (Bethel-Beiträge 63), Bielefeld 2022.

Beatrix Waldmann, Maschinenbaustudium in Karl-Marx-Stadt; Studium Strategisches Nachhaltigkeitsmanagement an der Hochschule für Nachhaltige Entwicklung Eberswalde. 1988 begann ich meine Arbeit in den Hoffnungstaler Anstalten Lobetal. In allen Verantwortungen meiner 36jährigen Tätigkeit war es mir wichtig, die Bewahrung der Schöpfung mit praktischem Handeln zu verbinden. So begleitete ich 2008 die Umstellung der Landwirtschaft auf Naturland-Standard und die Markenentwicklung Lobetaler Bio. Unter dem Namen »Upcycle« wurde ein Werkstattangebot etabliert, das alten Fahrrädern eine Weiternutzung ermöglicht. Für das Reformationsjubiläum 2017 unterstützte ich Zertifizierung und Vermarktung der Apfelsorte »Martin Luther« in den Barnimer Baumschulen, die auf einen Borsdorfer Apfel aus dem Jahr 1177 zurückgeht. Im Sommer 2020 konnte das Inklusionshotel Grenzfall die GreenSign-Zertifizierung erwerben. Seit Januar 2021 verantworte ich die Stabsstelle Ökologie und Nachhaltigkeit in der Hoffnungstaler Stiftung Lobetal. Im November 2023 schloss ich das berufsbegleitende Studium Strategisches Nachhaltigkeitsmanagement mit einer Masterarbeit »Die Gemeinwohl-Bilanz als Element der diakonischen Unternehmensführung« ab.